Ils ne pensent qu'à ça

Les auteurs

Avant d'écrire des livres pour la jeunesse, **James Roy** a été infirmier pédiatrique et urgentiste dans divers hôpitaux, dont cinq années au service « adolescents » de l'hôpital des enfants de Westmead, à Sydney (Australie). En plus de son travail auprès des enfants et des adolescents, il a écrit plusieurs livres pour jeunes lecteurs, notamment *Captain Mack*, *Billy Mack's War* et *Full Moon Racing*, pour lesquels il a reçu des prix.

James vit dans une maison qui craque un peu, dans les Montagnes bleues australiennes, avec son épouse, ses deux filles, et deux chiens terriers Jack Russell.

Ils ne pensent qu'à ça est son premier livre documentaire.

Après ses études, **Gus Gordon** a élevé des bovins dans diverses régions d'Australie avant de décider que « *dessiner des images stupides* » était un choix de carrière plus sensé. Fasciné par le dessin depuis l'enfance, il a illustré près de quarante livres pour enfants (ça fait un paquet d'images !). Il a montré à des milliers de petits Australiens comment dessiner en s'amusant.

Quand Gus ne dessine pas, il court après ses deux fils dans sa maison ou sur les plages du nord de Sydney. Il aime aussi peindre, écouter de la musique bizarre, manger du jambon, des sandwiches au fromage et à l'avocat. Parfois, il fait tout en même temps !

Traduit de l'anglais par Fabrice Gerbet

Titre original : *The 'S' word*
A boys' guide to Sex, puberty and growing up

Première édition : 2006 University of Queensland Press
PO Box 6042, St Lucia, Queensland 4067, Australie

Conception graphique (couverture et maquette intérieure) :
Jean-René Dastugue
Auriane Vigny a collaboré à l'édition de cet ouvrage.

Pour l'édition française :

300, rue Léon Joulin, 31101 Toulouse cedex 9 – France

Loi 49.956 du 16.07.1949 sur les publications destinées à la jeunesse.
Dépôt légal : février 2008
ISBN : 978-2-7459-3085-9
Imprimé en France par Hérissey (Évreux) - N° 107195

Ils ne pensent qu'à ça

La sexualité des garçons expliquée aux garçons… et aux filles

JAMES ROY

ILLUSTRÉ PAR GUS GORDON

MILAN
jeunesse

SOMMAIRE

1 Sexe ET FOOTBALL

Il y a quelques années, un soir de grand froid, je me dirigeais vers le stade de ma ville pour assister à un match de football. C'était la toute première fois que j'allais au stade, alors que ça faisait longtemps que je voulais m'y rendre. Il était presque plein et c'était génial de pouvoir y être enfin. L'air était saturé d'odeurs de merguez, frites et hot dogs et les supporters portaient fièrement maillots, écharpes et bannières aux couleurs de leur club favori. Les gens criaient, acclamaient et remuaient leurs drapeaux alors que les équipes arrivaient sur le terrain. J'avais vraiment du mal à croire que j'étais là.

Mais sais-tu à quoi je pensais en observant ces gradins ? En réalité, je me disais : « *Ça fait beaucoup de sexe* ». Parce que pendant que je regardais ces soixante mille spectateurs, il me vint soudainement à l'esprit que chacun d'entre eux était là parce qu'à un moment, quelque part, leurs parents avaient eu une relation sexuelle. Eh oui, ça fait beaucoup de sexe. N'essaie pas d'imaginer soixante mille couples en train de « le faire ». Mais ça s'est passé comme ça, sans l'ombre d'un doute.

Ça peut paraître bizarre d'imaginer ce genre de chose pendant un match de football mais il y a un truc que je sais, c'est que les garçons et les hommes pensent beaucoup au sexe.

Il y a quelques années, personne ne parlait vraiment de sexualité aux enfants. Demande à tes grands-parents combien de fois on leur en a parlé quand ils étaient petits. Il y a de grandes chances pour qu'ils te répondent : « *Pas très souvent* ». On parlait peu de sexe et cela me semble totalement injuste quand on considère que le sexe fait naturellement partie de l'existence, tout comme le fait de se nourrir, de dormir ou d'aller aux toilettes. Et comme pour tout ce qui te concerne, tu aimes savoir ce qui se passe. Après tout, tu auras bien un rapport sexuel un jour. Dans le même registre, lorsque garçon, tu deviens homme, les changements subis par ton corps peuvent être perturbants et parfois même effrayants. Tu n'as nul besoin d'être confus ou effrayé à partir du moment où tu sais exactement ce qui se passe.

Voici donc l'objet de ce livre : toi, ton corps et le sexe. Et quand je dis sexe, je ne parle pas seulement de « l'acte » en lui-même. Non, je veux aussi bien parler de tout ce qui se rapporte aux changements de ton corps lorsque tu deviens adulte, que du genre de relations que tu as, connaître ton avis sur certaines questions comme, par exemple, l'homosexualité, ou quand tu penses être suffisamment âgé pour avoir des rapports sexuels. Parce que le sexe, c'est aussi « avoir des rapports sexuels » ou « le faire » avec quelqu'un. Le rapport sexuel est souvent la chose à laquelle les gens pensent quand ils entendent le mot « sexualité », mais en fait, cela va bien au-delà.

Ce livre est écrit pour les garçons, il va donc y avoir beaucoup de trucs sur les filles car les « humaines » ne sont pas toujours faciles à comprendre... Plus tard dans le livre, tu trouveras quelques tuyaux pour cohabiter avec ces créatures étranges, mystérieuses, frustrantes mais tellement merveilleuses que l'on appelle les filles.

Même si ce livre est censé s'adresser aux garçons plutôt qu'aux hommes, ne sois pas surpris de voir ton père ou même ton grand-père le feuilleter, ou même le lire attentivement. La vérité, c'est que les hommes ne pensent qu'à ça constamment et ce, quel que soit leur âge.

Au fil de la lecture, tu vas tomber sur des choses qui pourront te paraître crues et d'autres qui vont t'exciter étrangement. En d'autres termes, toute cette conversation sur le sexe va te donner beaucoup d'émotions et de sensations. C'est parce que le plus gros organe sexuel que tu possèdes est ton cerveau. Eh oui, *ton* cerveau ! Et comme la meilleure chose pour ton cerveau est de le faire travailler en lui apprenant des choses, ce livre est bourré d'informations.

> **LE PLUS GROS ORGANE sexuel QUE TU POSSÈDES EST TON CERVEAU.**

Tout au long du livre, un de mes bons amis, Richard Le Sage, répondra aux lettres et mails qu'il a reçus de garçons comme toi. Ces jeunes adolescents lui ont écrit pour lui faire part de leurs problèmes et interrogations. Richard a essayé de leur répondre avec honnêteté et clarté. Il peut parfois paraître un peu dur et trop direct, mais c'est juste parce qu'il se sent concerné. En tout cas, c'est ce qu'il me dit.

Pour finir, il se peut que certains adultes aient des réticences à te laisser lire un livre comme *Ils ne pensent qu'à ça*. Ils peuvent se dire que tu es bien trop jeune ou que tu n'as pas besoin de savoir toutes ces choses. Ils peuvent même croire que lire toutes ces informations va te donner de mauvaises idées et que tu vas devenir un obsédé sexuel. Je suis absolument certain que cela n'arrivera pas. Ce n'était pas du tout mon objectif quand j'ai écrit ce livre. Il est entre tes mains car en tant que jeune garçon en pleine croissance, tu mérites de connaître *tout* ce qu'il faut savoir sur cette part si importante de ta vie.

Alors, alors, le sexe, qu'est-ce que c'est ?

De : GrandGarçon

À : richard.lesage@milan.fr

Objet : Maman ne comprend pas

Ma maman pense que je veux devenir coiffeur parce que chaque fois qu'elle rentre dans ma chambre, elle me trouve en train de lire l'encyclopédie à la page *shampoing*. Ce qu'elle ne sait pas, c'est que *shampoing* se trouve juste après *sexualité* et que je tourne simplement la page pour ne pas me faire prendre ! Avec tous ces idiots qui disent que les coiffeurs sont homosexuels, je ne veux pas qu'elle pense que je le suis, mais ça me gêne qu'elle voie ce que je lis.

GrandGarçon

De : richard.lesage@milan.fr

À : GrandGarçon

Objet : Re : Maman ne comprend pas

OK, deux choses : d'abord, même si tu dois devenir coiffeur, cela ne veut pas dire que tu seras forcément homosexuel. Ça pourrait te rendre un peu rasoir, mais certainement pas homosexuel. Et puis il y a pire au monde que d'être homosexuel.

En second lieu, je pense que ta mère a tout à fait compris ton « intérêt » pour les produits capillaires et s'en amuse simplement avec toi. Pourquoi est-ce que je pense ça ? Parce que ta mère n'est pas aussi stupide que tu le penses. Et aussi (ne sois pas choqué), parce qu'elle a été jeune, elle aussi.

Il y a des petites choses que tu peux faire. Tu peux simplement dire à ta mère : « *Maman, j'essaie de me renseigner sur la sexualité* ». Ou tu peux rester sans rien dire et lui laisser penser ce qu'elle veut. Ou bien, comme ultime recours, tu peux fermer ta chambre à clé. Elle pensera alors que tu t'amuses tout seul. Elle sait déjà ce que tu fais dans ta chambre, de toute façon.

Alors, détends-toi, lis ce que tu peux sur la sexualité, les shampoings ou ce qui te fait envie. Si tu souhaites faire carrière dans la coiffure, commence à utiliser plus souvent des expressions comme « C'est fantastique ! » ou « Mon chéri ! » et à porter des lunettes de soleil dans la maison, et même pendant la nuit. Si tu ne fais rien de tout ça, tes parents seront plus tranquilles pour plus tard.

Bonne coupe,

RICHARD LE SAGE

2 La sexualité, QU'EST-CE QUE C'EST ?

Tu crois déjà tout savoir sur la sexualité et peut-être est-ce le cas. Peut-être as-tu demandé à tes parents d'où venaient les bébés et ils t'ont expliqué comment le sperme de l'homme rejoint l'ovule de la femme pour concevoir un bébé. Peut-être même sais-tu exactement ce qui se passe quand deux personnes ont un « rapport sexuel ». Mais si c'est tout ce que tu sais, alors tu rates une bonne partie de l'histoire, peut-être même beaucoup plus.

Vois-tu, le sexe, ce n'est pas seulement deux personnes qui enlèvent leurs vêtements et se tortillent dans tous les sens au lit. C'est un peu plus que ça. Dès le départ, c'est le sexe qui te détermine.

L'une des premières choses que les gens demandent à la naissance d'un bébé est : « *C'est un garçon ou une fille ?* » Bien sûr, beaucoup de parents n'attachent pas d'importance au fait que ce soit un garçon ou une fille, à partir du moment où le bébé est en bonne santé. Mais être un garçon ou être une fille influera sur les amis que tu auras, la façon dont les gens te regarderont, le comportement qu'ils attendront de toi, tes centres d'intérêt et même les matières que tu étudieras à l'école. On dit souvent aux garçons qu'ils ne doivent pas pleurer, qu'ils doivent se comporter « comme un homme », être grand, fort et dur. On attend des filles, parfois à tort d'ailleurs, qu'elles aient certains jeux, qu'elles s'intéressent à certains films, ou qu'elles aient des activités « de filles », comme la danse.

Dans quelques années, le fait d'être un homme ou une femme pourra influencer le choix de ton travail ou de ta carrière. Peut-être moins qu'avant, mais c'est toujours aussi dur pour une femme de devenir maçon, ou pour un homme de devenir assistant maternel, parce que les gens ont hélas appris à considérer certains emplois comme étant *réservés* aux hommes et d'autres aux femmes. Et il faut quelquefois du temps pour changer les mentalités.

Donc, la sexualité fait de toi ce que tu es. Mais la notion de sexualité recouvre bien d'autres choses encore. La façon dont ton corps change au fur et à mesure que tu deviens adulte fait aussi partie de la sexualité. Se lever avec une érection le matin, faire des rêves érotiques la nuit ou jouer avec ton pénis sous la douche fait aussi partie de l'apprentissage de la sexualité. C'est la même chose quand tu empruntes un livre d'art à la bibliothèque pour regarder des peintures de nus, quand tu lis certains magazines ou surfes sur Internet pour trouver des photos de personnes nues.

Quand tu arrêtes de fuir les filles à cause de leurs microbes, et que tu te mets à les regarder, que tu as envie de te rapprocher d'elles et de les impressionner, c'est déjà de la sexualité. On ne le dirait pas comme ça, mais c'est vrai. L'envie soudaine de toucher et d'embrasser une fille qui te plaît, ou le fait de penser que certaines filles sont plus jolies que d'autres, cela fait aussi partie de la sexualité. Tu peux aussi trouver que les garçons sont plus attirants que les filles, et découvrir que tu es homosexuel, c'est encore de la sexualité.

Et nous voilà en train d'aborder la question du rapport à l'autre. Comment entamer, puis gérer une relation avec cette personne-là, et comment lui montrer ce que tu ressens… Voilà une partie importante du sujet. Ça peut être assez compliqué, même en faisant la distinction entre apprécier, aimer quelqu'un, et avoir simplement un coup de cœur pour quelqu'un.

TU N'AS PAS BESOIN D'ENLEVER TES VÊTEMENTS POUR QU'IL Y AIT DU SEXE !

Le sexe, c'est aussi quelque chose de très physique, ce que tu savais déjà, j'en suis certain. Embrasser, caresser, tenir la main, toucher, rester assis sur la plage à côté de quelqu'un que tu apprécies vraiment fait aussi partie de la sexualité. Eh oui. Tu n'as pas besoin d'enlever tes vêtements pour qu'il y ait du sexe ! Pour la majeure partie des gens, quand ils entendent le mot « sexe », ils pensent tout de suite à « le faire » ou « coucher avec quelqu'un ». Dans les consignes données par la censure aux films et aux séries télévisées, ce sont les scènes de sexe qui sont évoquées. Il n'est pas question de couples qui se caressent ou s'embrassent, ou qui ont une simple relation amoureuse. La censure ne parle que d'*acte sexuel*, ce qui peut entraîner des confusions.

L'acte sexuel est, pour de nombreuses raisons, la partie la plus excitante de la sexualité, peut-être parce que c'est la chose la plus intime que tu puisses faire avec quelqu'un que tu aimes vraiment. En plus, c'est très agréable. L'autre raison pour laquelle les êtres humains trouvent ça si excitant, c'est que, derrière tout ça, il s'agit de concevoir de nouveaux êtres humains, car c'est bien sûr comme ça que l'on se reproduit, que l'on fait des bébés. On n'est pas si différents que cela des animaux qui ne peuvent s'empêcher de faire de nouvelles versions d'eux-mêmes, en miniatures. Comme tu peux le voir, le désir sexuel est complètement naturel, et il est très difficile d'y résister.

LA SEXUALITÉ ET L'AMOUR VONT TRèS TRèS BIEN ENSEMBLE.

L'une des choses les plus importantes dans la sexualité, c'est de connaître le bon comportement à adopter. Comme la sexualité, les relations amoureuses et l'amour sont complexes. Sur le moment, il n'est pas toujours évident de savoir quoi dire et quoi faire.

Mais pourquoi est-ce si compliqué ? Pour commencer, la sexualité et l'amour vont bien ensemble. Très très bien. On veut tous être aimés. Et c'est l'une des forces les plus puissantes qui existe. Mais malheureusement, l'amour et la sexualité se mélangent parfois, et on pense que l'on doit, dès le début de la relation, avoir un rapport sexuel pour montrer à l'autre qu'on l'aime, ou pour se sentir aimé. Le sexe devrait être quelque chose qui se passe entre deux personnes parce qu'elles s'aiment vraiment et parce qu'elles veulent toutes les deux se le montrer, pas parce que l'un pense qu'il le doit à l'autre. Si tu penses qu'il faut avoir un rapport sexuel parce qu'il faut le faire, c'est du sexe, mais ce n'est pas de l'amour. Tu saisis la différence ?

L'une des choses à bien comprendre quand on est jeune, c'est qu'on peut *ne pas* avoir de rapport sexuel, ou en tout cas, que cela peut attendre. De nos jours, beaucoup de jeunes gens ont des rapports sexuels trop tôt. Leurs corps sont prêts mais pas le reste. Une fois que tu as été aussi proche de quelqu'un, la vie peut devenir un peu plus compliquée, particulièrement si tu découvres que vous allez, ta petite amie et toi, devenir maman et papa. Mais même si tu ne te retrouves pas dans cette situation délicate, la sexualité peut vraiment te changer, et pas forcément de la meilleure façon.

ON PEUT NE PAS AVOIR DE RAPPORT SEXUEL...

Tu peux aussi subir la pression de tes amis qui te poussent à « perdre ta virginité » (c'est quand tu as ton premier rapport sexuel). Ils peuvent te dire : « *Tu n'es pas un homme tant que tu ne l'as pas fait avec une fille.* » Ils ont tort. Faire l'amour avec une fille ne fait pas forcément de toi un homme. Être un homme, c'est un peu plus que l'endroit où ton pénis a pu se rendre. Par exemple, ne pas coucher avec ta petite copine parce qu'elle préfère attendre, plutôt que d'insister pour avoir un rapport sexuel avec elle, c'est l'apprentissage du respect.

Tu ne devrais jamais avoir l'impression que le sexe est quelque chose que *tu dois* faire. Si tu peux, attends d'être un peu plus âgé et plus mûr, parce que choisir de faire l'amour avec quelqu'un que l'on aime sera toujours préférable que le sexe pour le sexe.

Tu vois ce que je veux dire ? Pas si simple, n'est-ce pas ? Et toi qui pensais que tu allais ouvrir ce livre et trouver des photos de couples nus en action ?

Désolé.

De : Dégoûté

À : richard.lesage@milan.fr

Objet : Des bruits dans la nuit !

S'il te plaît, explique-moi !

L'autre nuit, vers une heure du matin, j'ai entendu beaucoup de bruit venant de la chambre de mes parents. Tu vois, des gémissements, des sons comme ça… Ça m'a un peu inquiété, pour te dire la vérité. Je me suis dit que Maman digérait très mal le poulet que Papa avait cuisiné, vu comment elle geignait. Et j'ai réalisé après quelques minutes ce qui se passait. Ils étaient en train de le faire !

Imagine ma surprise !

Mais il faut que je te demande, pourquoi tous ces gémissements et ces bruits bizarres ? Que s'est-il passé ? Je ne comprends pas !

Dégoûté.

De : richard.lesage@milan.fr

À : Dégoûté

Objet : Re : Des bruits dans la nuit ! S'il te plaît, explique-moi !

Tout d'abord, que faisais-tu éveillé à une heure aussi tardive ? J'espère que tu n'avais pas école le lendemain.
Il est parfois difficile de faire la différence entre quelqu'un qui gémit parce qu'il a mangé un mauvais plat épicé (comme celui que j'ai mangé au restaurant indien l'autre jour), et quelqu'un

qui gémit parce qu'il fait quelque chose de très agréable. Comme faire l'amour, par exemple.

Si le bruit de tes parents qui font l'amour te dérange, ferme la porte de ta chambre ou demande-leur d'arrêter. En fait, maintenant que j'y pense, ferme juste la porte. Que tes parents aient des relations sexuelles est une bonne chose. En général, ça veut dire qu'ils s'aiment toujours, ce qui ne peut être que positif.

Préférerais-tu qu'ils se crient dessus ? Non, je ne pense pas.

Alors, ferme ta porte. Et ne sois pas dégoûté, Dégoûté.

C'est naturel.

RICHARD LE SAGE

3 Tout ce qu'il faut savoir sur le corps

Tu ne t'en souviens peut-être pas, mais quand, tout petit, ta mère t'amenait au jardin d'enfants, tu n'étais pas si différent des filles de ton âge. Seuls tes vêtements, ta coupe de cheveux, tes jouets choisis par tes parents auraient pu faire la différence. Si tu les observes habillés, les petits garçons et les petites filles sont tous à peu près identiques. Leurs corps ont sensiblement la même forme, leurs visages sont lisses et leurs poitrines plates ; il n'y a pas vraiment d'indices qui t'indiquent s'il s'agit d'un garçon ou d'une fille.

Enfin, jusqu'à ce qu'ils prennent un bain. Tu n'as pas besoin de moi pour savoir que les garçons et les filles sont différents à certains endroits, comme entre les jambes par exemple. La plupart d'entre vous connaissent déjà le nom de ces parties du corps, mais au cas où, je te propose un petit tour d'horizon.

En bon garçon, tu auras remarqué cette chose entre tes jambes. C'est *ton* pénis. Dis bonjour à ton pénis. Il existe de nombreux autres mots pour désigner ce petit outil, mais puisqu'il a un vrai nom, autant l'utiliser.

DIS BONJOUR À TON PÉNIS !

Ton pénis a un certain nombre de fonctions. Pour commencer, c'est par là que tu urines. C'est l'une des choses les plus utiles lorsqu'on est un homme. Quand tu campes dans les bois, par exemple, tu peux te mettre derrière un arbre et faire pipi contre le tronc tout en restant debout. Les filles en sont jalouses car elles, elles doivent s'asseoir, même pour faire juste pipi. C'est donc, en premier lieu, *pratique*.

L'autre fonction de ton pénis concerne le rapport sexuel, quand le pénis d'un homme se glisse à l'intérieur du corps d'une femme. Certains rapports sont faits dans l'intention de faire des bébés, d'autres non, mais cela importe peu à ton pénis. De son point de vue, c'est la même chose. Nous reviendrons sur la conception des bébés plus tard mais, pour l'instant, disons simplement que ton pénis est principalement intéressé par les relations sexuelles.

Sous ton pénis se trouve ton scrotum, qui est un petit sac de peau fripée. J'entendais un comédien dire que Dieu a créé le scrotum avec les restes de la peau des coudes. Je ne sais pas si c'est vrai, mais c'est une façon plutôt amusante de le décrire. On parle du scrotum pour nommer le lieu où se trouvent les testicules. Certains les appellent les *noix* ou les *boules*. Quand tu les touches, tu comprends pourquoi. À quoi servent les testicules ? Elles ne sont pas uniquement là pour que tu aies quelque chose dans ton slip. En fait, les testicules produisent du sperme, où se trouvent les toutes petites cellules qui rejoignent l'ovule de la femme pour se transformer ensuite en bébé.

TON PÉNIS EST SURTOUT INTÉRESSÉ PAR LES RELATIONS SEXUELLES.

On comprend aisément que le pénis se trouve en dehors du corps, mais pourquoi les testicules doivent-elles pendre là, dans le vide, à risquer un mauvais coup sur un terrain de rugby ou un geste déplacé de ton petit frère ? C'est simplement parce que, pour la survie de ton sperme, tes testicules doivent se maintenir à une bonne température. Tu as peut-être remarqué que quand tu as froid à la piscine, tes testicules se font toutes petites sous ton pénis, comme les roues

Les testicules : quand la nature dit de faire attention.

d'un avion après le décollage. En fait, elles essaient juste de rester au chaud. Et quand elles se balancent bien bas dans la brise de l'été, elles essaient de rester au frais.

Bien sûr, tu auras remarqué que les filles sont différentes. En maillot de bain, les garçons ont un petit paquet bosselé, sur le devant, que les filles n'ont pas. Elles sont apparemment lisses, mais chez elles, tout se passe à l'intérieur. Les parties du corps d'une fille qui en font une femme sont cachées, presque invisibles. Les endroits d'où sont issus les ovules (les ovaires), l'endroit où le bébé grandit jusqu'à sa naissance (l'utérus) et le tunnel qui mène à ces parties (le vagin) sont à l'intérieur, protégés dans le corps. Il y a une ouverture dissimulée au même endroit que ton scrotum. Elle est entourée par ce qu'on appelle les lèvres. Devant l'ouverture, on trouve un organe petit et sensible appelé le clitoris, et juste à côté se trouve l'urètre, d'où sort l'urine. Toute cette zone s'appelle la vulve.

LES PARTIES DU CORPS D'UNE FILLE QUI EN FONT UNE FEMME SONT CACHÉES, PRESQUE INVISIBLES.

Voici les principales différences physiques entre les jeunes garçons et les jeunes filles. À la puberté, qui marque le moment où ton corps d'enfant se transforme en corps d'adulte, d'autres choses apparaissent de plus en plus évidentes. Il est désormais grand temps d'aborder le cœur du sujet !

De : Soprano

À : richard.lesage@milan.fr

Objet : Aïe aïe aïe !

Cher Richard le Sage,

L'autre jour, je jouais au rugby et j'ai pris la balle en plein dans les… eh bien oui, les testicules. Je ne portais pas de protection et j'ai eu vraiment mal. Je suis tombé et je n'arrivais plus à respirer pendant un moment. J'ai cru que j'allais vomir (je ne l'ai pas fait mais j'ai bien failli). Tout le monde avait l'air de trouver ça assez drôle. Tout le monde sauf moi, bien évidemment.

Ma question est la suivante : est-ce qu'il est possible que je me sois blessé les testicules ?

Soprano

De : richard.lesage@milan.fr

À : Soprano

Objet : Re : Aïe aïe aïe !

Cher Soprano,

Désolé, je ne devrais pas rire mais c'est assez drôle quand quelqu'un prend un coup dans les « parties ». Mais tu as tout à fait raison quand tu dis que ça n'a rien de marrant de voir une personne en larmes se tordre par terre en se tenant les parties intimes.

Oui, tu peux effectivement avoir des séquelles après un tel choc dans les testicules, mais tu t'en rends en général compte très rapidement. En d'autres mots, si tu remarques quelque chose d'inhabituel, comme des grosseurs, des saignements, des gonflements ou d'autres douleurs, fais-les examiner par ton médecin.

La prochaine fois, porte une protection (vendue dans tous les magasins de sport).

Ce sera toujours mieux, si tu reçois un coup d'un autre joueur. Tout ira bien si tu en portes une.

Petit malin.

RICHARD LE SAGE

4 La puberté

Certains ont peur de la puberté. Je ne vois pas vraiment pourquoi. Peut-être sentent-ils une pression de la part des adultes qui attendent d'eux qu'ils se comportent comme des petits adultes ou peut-être aiment-ils tellement être des enfants qu'ils ne veulent plus grandir.

Mais franchement, les changements que ton corps subit pendant la puberté n'ont rien de bien effrayant. Et puis, tout le monde passe par là.

Alors, qu'est-ce qui provoque la puberté ? Vers l'âge de 10 ou 11 ans (quelquefois plus tôt), chez les garçons, les glandes commencent à produire de la testostérone, un genre de substance chimique. La testostérone agit sur plusieurs choses différentes : elle rend les hommes excités par tout ce qui est lié au sexe, leur donne une sensation de force et de courage, les fait se pavaner devant les filles et quelquefois agir comme de vrais idiots. Mais la montée soudaine de la testostérone au début de la puberté est surtout à l'origine de changements physiques.

Tout d'abord, la forme de ton corps commence à se transformer. Tes bras, ton torse et tes épaules s'épaississent, ce qui te donne l'air plus fort. Ton visage peut changer un peu aussi ; ta mâchoire va devenir plus carrée, des poils vont apparaître. Au début, tu peux avoir une petite moustache duveteuse, qui va ensuite devenir de la barbe jusqu'au jour où, sans t'en rendre compte, tu vas te retrouver dans la salle de bains, la porte fermée à clé, à emprunter le rasoir de ton père.

Sache que cette pilosité ne concerne pas que ton visage. Tes jambes et tes bras risquent de devenir plus poilus encore. Des poils qui pourront être épais et bouclés commenceront à pousser sur ton torse. Mais ce n'est pas tout. Les zones autour de ton pénis et de tes testicules ainsi que celle un peu plus haut, vers ton nombril, vont progressivement se couvrir des mêmes types de poils. C'est ce qu'on appelle les poils pubiens.

« *Je vais devenir plus poilu* », tu te dis. « *C'est bon à partir du moment où ça s'arrête là. Et tant que je ne commence pas à ressembler à un loup-garou !* »

En fait, ce n'est pas tout, mais il n'y a pas de quoi s'inquiéter. Avant la puberté, les garçons comme les filles ont des voix assez aiguës mais à la puberté, la voix des garçons devient plus grave. Ça peut d'abord être très progressif, avec une phase intermédiaire où, pendant une minute, tu peux parler d'une voix grave et virile et la minute suivante, tu as la voix qui déraille. Mais bien sûr, tu finiras par avoir une voix stable qui ne te lâchera pas lorsque tu seras en plein exposé de sciences naturelles devant la classe.

Au début de la puberté, tu peux avoir de l'acné. L'autre mot pour acné est *boutons*. Encore une fois, c'est normal et ce n'est que l'effet de la testostérone et d'autres substances chimiques.

En dernier lieu, c'est ton cerveau qui change un peu. Tu peux avoir des sautes d'humeur, te sentir génial et, la minute suivante, triste ou en colère sans la moindre raison. Ça peut être très déroutant surtout si tu ne sais pas ce qui t'arrive. Ton cerveau change et apprend à regarder la vie sous un œil différent, de façon plus mature. Peut-être constateras-tu que tu es davantage en conflit

22 juillet, le jour où Kevin s'est réveillé en pleine puberté.

avec tes parents. Tu deviens adulte et tu apprends à vivre dans un monde d'adultes. (C'est dur aussi pour les parents qui trouvent bizarre de voir leur enfant plonger dans la puberté. À leurs yeux, presque tout ce que tu fais est assimilé à une erreur. Et ça leur rappelle aussi qu'ils vieillissent.)

LA PUBERTÉ CONCERNE AUSSI LES FILLES, MAIS LES CHANGEMENTS NE SONT ÉVIDEMMENT PAS LES MÊMES.

La puberté concerne aussi les filles mais les changements ne sont évidemment pas les mêmes. Elles commencent à avoir de la poitrine, leurs hanches deviennent plus larges et elles ont aussi des poils qui apparaissent. Elles ont leurs premières règles. C'est le début de leur menstruation. Elles n'aiment pas en parler avec les garçons parce qu'elles trouvent ça embarrassant. Mais on y reviendra plus loin quand on parlera de la conception des bébés.

Voici donc un rapide aperçu des transformations. Certaines ont déjà dû commencer. Souviens-toi que chaque homme est passé par la puberté et que, comme toi, ça lui a fait bizarre. Alors, pas de panique, tout va bien se passer. Tu deviens un homme et même si ça représente un peu plus que d'avoir une barbe et une voix grave, ces choses en font aussi partie. C'est complètement normal et naturel. Ne l'oublie pas, ça pourrait te réconforter à l'occasion.

De : Cris perçants

À : richard.lesage@milan.fr

Objet : Ma voix ! À l'aide !

Cher Richard le Sage,

Ma voix n'a pas encore mué. La plupart des garçons de ma classe ont déjà de belles voix graves mais moi j'ai toujours une petite voix. L'autre jour, je disais quelque chose à mon copain Julien pendant que M. Blais avait le dos tourné à la classe quand il a dit : « *Les filles, je vous entends parler* ». C'est la honte : il n'arrive pas à distinguer ma voix de celle d'une fille.

Quand est-ce que ma voix va muer ?

Cris perçants

De : richard.lesage@milan.fr

À : Cris perçants

Objet : Re : Ma voix ! À l'aide !

Cher Cris perçants,

As-tu entendu parler de la loi de Murphy ? La loi de Murphy dit que si quelque chose de mauvais doit arriver, cela arrivera au pire moment. Si l'on en croit cette loi, je peux prévoir que ta voix va muer au début d'un trimestre scolaire, pour que tout le monde puisse profiter du changement avec toi. Ça n'arrivera pas pendant les vacances de Noël, je peux te le garantir. Ce serait trop facile de finir l'année scolaire avec la voix de Bart Simpson et de revenir quelques semaines plus tard avec un timbre de voix comme celui de Principal Skinner, dans le dessin animé.

Mais ce n'est pas la fin du monde, parce que sur une classe de trente élèves, à peu près la moitié sont des garçons (ou tous si c'est une école de garçons, bien évidemment) et il y a de fortes chances pour que certains d'entre eux traversent la même période que toi, en *même temps que toi*, avec la voix qui mue et qui défaille, passant du grave à l'aigu. Et je peux t'assurer que *100 %* des garçons de ta classe passeront par là.

Alors, pas de souci, petit. Le monde ne va pas s'arrêter de tourner. Juste, ne te porte pas volontaire pour annoncer les scores en cours de sport avant d'être sûr d'avoir une grosse voix.

RICHARD LE SAGE

5 Le sexe : COMMENT ÇA MARCHE ?

C'est vrai, ton pénis ne pense qu'à une seule chose : le sexe. Enfin, nous devrions peut-être utiliser le terme approprié, en l'occurrence, le *rapport sexuel*. À la base, il y a deux façons de justifier le rapport sexuel. D'abord, il sert à faire des bébés, ensuite, il permet un rapport intime entre deux personnes qui sont attirées l'une par l'autre. Tu pourrais appeler ça « du sexe pour le fun » et nous allons parler de la partie « fun » dans un instant. Mais en premier lieu, nous allons enfiler nos blouses blanches et aborder la question du bébé.

Environ une fois par mois, la femme libère un ovule ; c'est un peu comme un œuf. Cet œuf est beaucoup plus petit que les œufs de poule que tu manges au petit-déjeuner. En fait, tu as besoin d'un microscope pour voir clairement un ovule humain. Dès sa naissance, une femme a déjà une provision d'ovules qu'elle libère un à un tout au long de sa vie, à peu près toutes les quatre semaines, depuis sa puberté jusqu'à épuisement du stock des ovules, qui arrive généralement entre 45 et 55 ans.

Une fois l'ovule libéré, il descend le long d'une trompe vers l'utérus. Il espère rencontrer le spermatozoïde d'un homme qui viendrait à sa rencontre. Il serait dans ce cas fécondé par ce spermatozoïde. C'est ce qu'on appelle la conception, qui signifie qu'une nouvelle vie est en pleine création.

Une fois l'ovule fécondé, il commence à grandir et à se transformer en bébé. C'est un processus compliqué et étonnant où une cellule se divise en deux, puis ces deux cellules se divisent elles-mêmes en deux et ainsi de suite... Pour imaginer comment ça marche, prends une feuille de papier et déchire-la en deux. Mets ces deux morceaux de papier ensemble et déchire-les aussi en deux. Mets ces quatre feuilles ensemble et déchire-les à nouveau. Si tu fais ça plusieurs fois, tu auras en peu de temps beaucoup de petits bouts de papier.

De la même manière, un ovule fécondé se divise en 2, puis 4, puis 8, puis 16, puis 32, 64, 128, 256, 512, 1 024, et ainsi de suite, jusqu'à ce que le chiffre se compte en millions.

Si la fécondation a lieu, le bébé, qui à ce stade s'appelle embryon, prend place au creux de l'utérus. Alors, quand tout se passe bien, environ quarante semaines ou neuf mois plus tard, le bébé naît en sortant par le vagin, ou quelquefois par le ventre après une opération du médecin, qui retire alors lui-même le bébé de l'utérus.

SI TOUT SE PASSE BIEN, ENVIRON QUARANTE SEMAINES OU NEUF MOIS PLUS TARD, LE BÉBÉ NAÎT.

La plupart du temps, l'ovule ne rencontrera pas de spermatozoïde. Il descendra la trompe jusqu'à l'utérus, n'y trouvera rien et mourra. La paroi de l'utérus, qui était prêt à accueillir l'ovule tout juste fécondé, se détache et sort par le vagin. Cela ressemble à du sang et dure quelques jours. On appelle ça la menstruation, ou les règles. Pendant leurs règles, les femmes sécrètent des tas d'hormones, dont elles n'aiment pas trop parler aux garçons. Il vaut mieux ne pas les embêter sur ce sujet. Si tu le fais, ne t'attends pas à ce qu'elles te reparlent un jour. Sérieusement.

Voici donc comment on conçoit un bébé et comment il commence à grandir. Nous n'avons pas encore parlé de la façon dont le sperme de l'homme atteint l'utérus de la femme. Allons-y.

Quand un homme et une femme ont un rapport sexuel, il se passe plusieurs choses. D'abord, l'homme est excité et son pénis devient dur. On appelle ça une érection. Elle est due à la montée du sang dans les vaisseaux sanguins du pénis. Les érections peuvent être gênantes, plus particulièrement pendant la puberté parce qu'elles sont difficiles à cacher, surtout quand on est en maillot de bain ou en short de sport. Malheureusement elles peuvent surgir au moment le plus improbable, comme en descendant du bus, quand tu vas à la salle de bains en pyjama ou quand ta mère te sort du lit le matin.

Revenons à notre heureux couple. L'homme a une érection et en même temps la femme est excitée, elle aussi. Ce qui fait que son vagin devient humide et glissant et qu'elle est prête pour avoir un rapport sexuel.

Alors, quand ils sont prêts tous les deux, ils se laissent aller l'un contre l'autre et l'homme glisse son pénis dans le vagin de la femme. Même si ça te semble difficile à croire, c'est une sensation très agréable, et en général, l'homme fait aller et venir son pénis dans le vagin de la femme, ce qui est également très agréable. Ça peut durer un court ou un long moment, puis l'homme atteint un point d'excitation très élevé, l'orgasme, qui est une sensation très agréable qui traverse le corps. Habituellement, quand l'homme atteint ce stade, il éjacule, c'est-à-dire que le sperme gicle du bout du pénis, depuis le même trou que celui d'où sort son urine. Le sperme est une substance épaisse, blanche, à l'aspect crémeux qui contient des millions de spermatozoïdes créés dans les testicules. Une fois que le sperme est dans le vagin de la femme, les spermatozoïdes commencent à nager dans tous les sens. Si tu pouvais observer ces spermatozoïdes au microscope, tu constaterais qu'ils ressemblent à de minuscules têtards, qui utilisent leur queue pour nager vers l'utérus, dans l'espoir de rencontrer un ovule.

Rappelle-toi, même s'il y a des millions de spermatozoïdes, il n'y a généralement qu'un ovule, tu n'auras donc pas des millions de bébés. Exception faite pour de rares cas où des jumeaux sont conçus, tu auras *un* bébé.

Mais que se passe-t-il s'il n'y a *pas* d'ovule ? Dans ce cas, rien n'arrive. Les spermatozoïdes se contentent de nager en rond, totalement ignorants qu'il n'y a jamais eu le moindre ovule à rencontrer et finissent par mourir.

Maintenant que je t'ai tout expliqué, quand tu vois toutes les circonstances qu'il faut rassembler pour faire un enfant, tu te demandes comment autant d'êtres humains ont pu voir le jour. Mais des bébés naissent tous les jours. Il y a environ six milliards de gens dans le monde aujourd'hui. Cela fait six mille millions, ou six milliers de milliers de milliers... Ce qui signifie que six milliards de fois, un ovule et un spermatozoïde se sont rencontrés, se sont joints, et ont créé un bébé. Très souvent, ce phénomène arrive par accident. Comme je te le disais dans le premier chapitre, ça fait beaucoup de sexe.

IL Y A ENVIRON SIX MILLIARDS DE GENS DANS LE MONDE AUJOURD'HUI. CELA FAIT SIX MILLE MILLIONS, OU SIX MILLIERS DE MILLIERS DE MILLIERS...

De : Trekkie

À : richard.lesage@milan.fr

Objet : Rêves

Cher Richard le Sage,

Parfois la nuit, je rêve d'une fille. Je ne l'ai jamais rencontrée, elle passe dans une série à la télé. Mais dans mon rêve, elle enlève ses vêtements et on commence à s'embrasser. J'ai alors une drôle de sensation et quand je me réveille, mon pyjama est mouillé sur le devant. Est-ce normal de mouiller son lit quand on rêve de filles ?

Trekkie

De : richard.lesage@milan.fr

À : Trekkie

Objet : Re : Rêves

Cher Trekkie,

Rassure-toi, tu ne mouilles pas ton lit, enfin, pas dans le sens courant du terme.

Ce que tu as vécu n'est rien d'autre qu'un « rêve érotique », qui arrive aux hommes de tout âge mais plus fréquemment aux garçons de ton âge.

En fait, ton cerveau te joue un tour, il te fait croire que tu fais un câlin avec cette fille dont tu parles.

Et le truc incroyable, c'est que ça ne s'arrête pas là. Quelquefois, ce n'est pas avec la star sexy que tu as vue à la télé, mais une personne bien plus ordinaire, comme ta professeur ou la femme qui travaille à la station-service. N'aie pas peur, c'est juste ton cerveau qui s'initie à l'excitation sexuelle. Au fait, la tache que tu as mentionnée ? C'est du sperme. Eh oui, mon ami, tu as éjaculé pendant ton sommeil. La bonne nouvelle, c'est que tout semble fonctionner. La mauvaise nouvelle c'est que tu n'étais pas éveillé pour en profiter.

Longue vie à toi.

RICHARD LE SAGE

Parler de sexe et de relations sexuelles de façon aussi technique ne rend pas les choses très amusantes. Tu pourrais facilement trouver ce que tu veux savoir en lisant une encyclopédie. Mais le problème, en se renseignant comme ça, c'est qu'une encyclopédie ne te décrit que les faits de façon neutre : « Pendant l'acte sexuel, l'homme place son pénis dans le vagin de la femme, ce qui est source de plaisir pour eux deux. » Ça ne donne pas très envie. Ça fait plutôt penser à des instructions pour monter une table ou une étagère.

Il est temps de parler de la partie *émotionnelle* de la sexualité, qui est tout aussi importante que les histoires de pénis et de vagin, peut-être même plus d'ailleurs.

Il y a des relations sexuelles qui ne sont pas du tout agréables. Si une personne a un rapport parce qu'elle se sent obligée de le faire, ou si elle sent qu'elle sera blessée, brutalisée, qu'elle aura mal si elle ne le fait pas, il y a peu de chance que ce soit agréable. En fait, ça va même être terrible. Comme je l'ai dit précédemment, les jeunes gens entendent souvent leurs amis leur dire qu'ils ne sont pas normaux s'ils « ne le font pas ». Un garçon pourra même aller jusqu'à dire à sa petite amie que coucher avec lui est le seul moyen de lui prouver qu'elle l'aime. Si quelqu'un exige un rapport sexuel d'une autre personne comme preuve de son amour, c'est loin d'être un début très sain. En tout cas, ce n'est probablement pas de l'amour.

> EXIGER D'AVOIR UN **RAPPORT SEXUEL** AVEC UNE PERSONNE COMME PREUVE DE SON AMOUR, CE N'EST **PAS** DE L'AMOUR.

Le meilleur rapport sexuel se passe quand les deux personnes concernées tiennent vraiment l'une à l'autre. Ce genre de rapport est fait d'émotions, d'excitation et de plaisir liés à un sentiment d'intimité et d'amour. Dans un autre genre, le sexe juste pour le plaisir d'avoir un orgasme finit souvent par être décevant voire blessant.

Certains croient que l'on devrait être marié avec la personne avec qui on a des relations sexuelles, d'autres pensent qu'il faut au moins être dans une relation longue, et d'autres encore que ça peut avoir lieu avec quelqu'un que l'on connaît juste assez bien. Puis il y a ceux qui croient qu'il n'est pas gênant d'avoir une relation sexuelle avec une personne que l'on a rencontrée le jour même. C'est là que l'enjeu émotionnel prend son importance. Le sexe avec quelqu'un que tu viens de rencontrer a peu de choses à voir avec les émotions et risque d'être décevant. Tu pourras te sentir mal voire même regretter, le jour suivant, quand tu réaliseras que tu as partagé une chose aussi intime avec une personne quasi inconnue.

La première fois

Parlons maintenant de la perte de la virginité, ou « dépucelage », parce que l'image de la sexualité que véhiculent les films et la télé laisse espérer une première fois merveilleuse. Or malheureusement ça ne l'est pas souvent. Pour les filles, la première fois peut être très désagréable, voire douloureuse. Quant aux garçons, ils sont tellement excités la première fois qu'ils éjaculent presque immédiatement. C'est comme tout, on se sent bien plus à l'aise en matière de sexe après avoir pratiqué plusieurs fois.

Avoir un rapport sexuel avec quelqu'un est un peu différent de la masturbation (quand tu joues avec ton pénis ou le caresses). Déjà, il y a quelqu'un d'autre avec toi dans la pièce et puis, tu veux bien faire. Alors tu es un peu nerveux. Il y a en plus le fait que vous ne vous êtes peut-être jamais vus nus, ce qui peut souvent suffire à vous mettre mal à l'aise.

Commencer à avoir des relations sexuelles est une affaire personnelle. C'est une chose à laquelle tu dois réfléchir. Tu peux peut-être en parler à une personne de confiance comme tes parents ou un grand frère, un professeur, un conseiller scolaire ou un médecin. Mais le plus important, c'est de n'avoir de rapports que pour les bonnes raisons, pas parce que tu sens que tu le dois à l'autre personne ni parce que tu crois qu'elle te le doit. Le sexe est une chose très spéciale, à traiter comme telle, en le partageant uniquement avec la personne à laquelle tu tiens vraiment. Souviens-toi aussi que plus tu seras grand quand tu commenceras ta vie sexuelle, plus tu seras mature, et plus tu seras apte à vivre pleinement ces drôles d'émotions liées au sexe.

Jusqu'à quel point ?

Le sexe est une chose très spéciale, à traiter comme telle.

Ce ne sont pas uniquement les émotions qui te jouent des tours. Parfois, il est difficile de savoir ce qui est bon physiquement et ce qui ne l'est pas. Est-ce bon de faire une chose avec une fille et moins bon de la faire avec une autre ? Quelles sont les limites, et jusqu'à quel point peut-on aller ?

À la fin de l'école primaire, beaucoup de garçons ont déjà tenu la main d'une fille et l'ont peut-être même embrassée. Il se peut que tu sois déjà « sorti » avec quelqu'un. Alors, au fur et à mesure de l'avancée de la puberté, tu te surprends à regarder beaucoup plus les filles, à admirer la forme de leur corps, à flirter un peu et à penser à elles tout le temps.

Puis tu te sens intéressé par une fille en particulier, tu commences à lui parler un peu plus, et tu pourrais même te décider à l'inviter à « sortir ». On est d'accord, il ne s'agit pas de sortir dans la rue. Ça veut dire qu'elle est ta petite amie et que tu es son petit ami. Ça signifie aussi que tu passes beaucoup de temps avec elle.

Mais soudainement, les choses se compliquent. Alors que tu tiens la main d'une fille ou que tu te trouves à côté d'elle dans le bus, il peut t'arriver d'avoir une érection. Tu peux être gêné mais ce que ton corps te dit, c'est que tu as envie d'un rapport sexuel.

Tu peux aussi avoir tout à coup envie de toucher son corps. (Évidemment, tu ne le fais qu'avec son consentement, tu ne peux pas passer ton temps à toucher les filles. On sanctionne les gens pour ce genre de choses !) Au début, tu te contenteras de caresser ses bras, puis son visage, mais au bout d'un moment tu remarqueras que les corps des filles sont charmants, tendres et doux, voluptueux et chauds. Ce n'est pas un hasard. Notre œil d'homme ne peut s'empêcher de regarder les corps tendres et doux, voluptueux et chauds. Cela fait notamment partie de la sexualité.

> **NOTRE ŒIL NE PEUT S'EMPÊCHER DE REMARQUER LES CHARMANTES PERSONNES.**

Parfois les premières relations sexuelles ne se font que par le toucher. Un couple peut aimer passer du temps à se toucher le corps l'un de l'autre, cela leur permet de se découvrir. Dès qu'ils commencent à se toucher d'une façon qui les excite, ils ont comme un rapport sexuel, même si le pénis est loin du vagin. Ils ne se disent pas forcément qu'ils sont en train de « coucher ensemble » mais ils n'en sont pas loin. Les gens trouvent souvent qu'il est difficile de s'arrêter à ce stade, alors ils continuent jusqu'à ce qu'ils aient un véritable rapport.

Comment savoir quand s'arrêter et quand il est bon de continuer ?

Tout est vraiment question de communication avec l'autre personne. Par exemple, il peut s'agir d'une fois où tu touches ta petite copine d'une certaine façon, ou tu essaies de l'embrasser, et où elle te laisse entendre qu'elle n'est pas à l'aise. Elle peut le faire en repoussant ta main, en mettant de la distance entre vous ou en faisant un autre geste significatif. Ce n'est pas parce qu'elle ne dit pas clairement « *Arrête. Je n'aime pas ça* » qu'elle est à l'aise avec ce que tu fais.

Bien sûr, si elle te demande d'arrêter, tu dois *toujours* arrêter. Tu ne dois jamais forcer quelqu'un à faire quelque chose qu'il ne veut pas faire. Tu peux être surpris de constater que, si les filles se forcent parfois, cela peut arriver aux garçons aussi. Sache que si tu n'as pas envie, il est tout à fait normal de demander à ta partenaire d'arrêter.

L'autre chose que tu peux lui demander, c'est si ce que tu lui fais lui convient. « *Est-ce que ça va comme ça ?* » est une bonne façon de le vérifier et si elle te dit oui, alors tu es rassuré. Si elle répond non, pas question d'aller plus loin. Au lieu de dire « *Non* », elle pourra dire « *Tiens-moi la main plus longtemps* » ou « *Je préférais ce qu'on faisait avant* ». Tu dois respecter ce qu'elle ressent et être à son écoute. C'est la meilleure chose à faire.

IL N'EST JAMAIS BON DE FORCER QUELQU'UN À AVOIR UN RAPPORT SEXUEL.

Souviens-toi, il n'est *jamais* bon de forcer quelqu'un à avoir un rapport sexuel, que ce soit par la pression, la menace, la violence ou la force. C'est irrespectueux, cruel, et ça va à l'encontre de la loi.

Toute cette réflexion sur les limites à ne pas franchir peut t'amener à te demander à quel âge on est prêt pour avoir un rapport sexuel, dans tous les sens du terme.

Je le répète, plus tu es âgé, plus tu seras mûr. C'est-à-dire que tu pourras mieux gérer toutes ces émotions complexes liées à la sexualité. Sur un plan juridique, il y a des lois très strictes qui stipulent que tu dois être adulte (majeur) et que ton partenaire doit l'être aussi. Savoir si, en tant que mineur, tu es suffisamment âgé pour coucher avec quelqu'un de ton âge, c'est surtout une décision à prendre avec ta copine. Ces réglementations varient d'un pays à l'autre. Les lois de certains pays mentionnent qu'il faut avoir plus de 12 ans, et qu'il ne faut pas qu'il y ait un écart de plus de deux ans entre les deux personnes pour avoir un rapport sexuel. D'autres lois disent qu'en dessous de 16 ans, on est trop jeune, même si les deux personnes ont le même âge. Certains pays fixent des âges différents pour les couples hétérosexuels et homosexuels. Si tu souhaites en savoir plus, parles-en avec un adulte en qui tu as confiance et qui t'aidera à comprendre. Tu peux lire ce qu'en dit la loi française à la fin du livre (page 151).

SI TU AS DES DOUTES, SI TU N'ES PAS SÛR DE TOI, NE LE FAIS PAS.

Je pense que la meilleure règle reste celle-ci : si tu as des doutes, si tu n'es pas sûr de toi, *ne le fais pas*. Le sexe est une chose merveilleuse lorsque les bonnes conditions sont là, mais si c'est fait pour les mauvaises raisons, cela peut pas mal embrouiller les choses. Pour un bon bout de temps, peut-être même pour toute ta vie.

De : Prêt à partir

À : richard.lesage@milan.fr

Objet : Est-ce le moment ?

Cher Richard Le Sage,

Je sors avec ma petite amie depuis presque deux ans. On a tous les deux 14 ans. Tout ce que j'ai lu dit que l'on ne doit coucher avec quelqu'un que si on l'aime vraiment. Et nous nous aimons vraiment. On s'est amusés pendant un moment. Mais maintenant, je pense que nous sommes prêts à « le faire ». Alors, est-ce que l'on peut y aller ? Mes copains affirment qu'il est temps, mais je voudrais savoir ce que tu en penses.

M. Accro

De : richard.lesage@milan.fr

À : Prêt à partir

Objet : Re : Est-ce le moment ?

Cher M. Accro,

Tout d'abord, à 14 ans, vous n'avez même pas l'âge de la majorité sexuelle telle qu'elle est fixée en France (elle est fixée à 15 ans), quand bien même vous l'auriez, vos parents auraient leur mot à dire jusqu'à vos 18 ans. *Légalement*, vous ne pouvez donc pas coucher ensemble. Et puis, à 14 ans, pourquoi veux-tu compliquer les choses juste pour avoir un rapport sexuel ?

Est-ce parce que c'est une affaire d'adultes ? Tu es inquiet qu'elle ne sache pas combien tu l'aimes ? Il y a plein de façons de le lui montrer, *sans* coucher ensemble, qui ne feront pas de toi et de ta petite amie un père et une mère de 15 ans, qui doivent quitter l'école pour s'occuper de leur bébé.

Par ailleurs, tu dis que *tu* penses être prêt, et apparemment tes amis le pensent aussi. Mais qu'en pense *ta petite amie* ? *Lui* en as-tu parlé ? Quel est son point de vue ? L'opinion de tes camarades a-t-il autant d'importance que ça ? Pourquoi ne pas attendre un peu ? Le sexe n'est *pas* une nécessité, tu sais. Tes copains te taquinent. Et alors ? Ça ne les regarde pas. Oui, le sexe, c'est super mais ce n'est pas une aventure dans laquelle tu dois te plonger tête baissée. Sérieusement, mec.

Réfléchis,

Richard le Sage

PS : Si tu prends la décision d'ignorer mon conseil et que tu couches avec ta petite amie, mets au moins un préservatif.

6 La relation sexuelle : COMMENT ÇA SE PASSE ?

Un chapitre précédent parlait du rapport sexuel, du pourquoi et du comment. Revenons-y, mais cette fois-ci avec plus de détails.

Les hommes sont physiquement prêts pour le rapport sexuel à peu près à n'importe quel moment, tout simplement parce qu'ils sont faits ainsi. L'ovule de la femme est prêt à être fécondé deux jours chaque mois, donc si un bébé doit naître, le spermatozoïde doit y être à ce moment précis. Ce qui veut donc dire que l'homme doit être capable de placer son sperme près de l'ovule très rapidement, sans réel avertissement. C'est la raison pour laquelle les garçons n'ont qu'à penser au sexe, regarder une photo sexy, ou s'approcher d'une fille qui leur plaît, pour avoir une érection. Une fois que tu as une érection, tu es quasiment prêt pour le rapport sexuel. Du moins, physiquement.

Les femmes sont faites différemment et ont besoin de plus de temps pour être prêtes à avoir un rapport.

Tu te souviens quand je t'ai dit que la sexualité c'était un peu plus que deux personnes nues l'une à côté de l'autre ? Il s'agit vraiment de deux personnes qui se montrent ce qu'elles ressentent l'une pour l'autre (parfois, pour parler de relation sexuelle on dit faire l'amour, ce qui est une image assez juste).

C'est pourquoi les préliminaires sont si importants. À la base, on entend par préliminaires ce que l'on fait *avant* le rapport sexuel. Il ne s'agit pas de jouer à la PlayStation, à la X-Box ou au Monopoly. C'est le moment pour un couple de prendre le temps de faire monter l'excitation, le désir, en s'embrassant, en se caressant ou en se tenant les mains. Certains couples aiment attendre plusieurs jours en passant du temps ensemble. Ils ne font que se parler, se toucher… Quand ils ont une érection, les hommes peuvent attendre un certain temps, sans qu'elle ne redescende, avant de passer à l'action et gagnent parfois en sensations s'ils attendent un bon moment.

Qu'est-ce qu'il y a d'autre dans les préliminaires ? Il ne s'agit pas uniquement de se tenir la main en regardant la mer ou en dînant aux chandelles. Même si l'état d'esprit est très important, bien évidemment, un couple doit aussi se toucher.

Les caresses sont primordiales. Les filles adorent être caressées par la personne qu'elles aiment et même si tu penses que les caresses ce n'est pas pour toi, tu devrais essayer. Ce n'est pas mal du tout, surtout s'il fait froid et que vous êtes blottis sous une couverture au coin de la cheminée.

Bien sûr, embrasser est également un moment crucial. Je ne sais pas pourquoi mais c'est très excitant et très sexy d'embrasser quelqu'un sur la bouche. (À condition que tu aimes la personne et que ce soit réciproque. Embrasser ton meilleur ami pour rigoler n'est ni excitant ni sexy. C'est horrible. Du moins, c'est ce qu'on m'a dit !)

C'était clair depuis le début : Anthony devait apporter quelques modifications à sa technique du baiser...

En dehors de la bouche, le corps humain est sensible à plein d'autres endroits. Les organes génitaux (ton pénis et tes testicules, son vagin et sa vulve) sont très sensibles mais aussi les tétons et les seins (et ceux des hommes aussi, tu sais) ainsi que les aisselles et l'intérieur des cuisses. Le dos, le ventre, le cou, le visage et les oreilles sont également très sensibles aux caresses et aux baisers. Lécher ou mordiller ces endroits excitera encore plus ta copine. Et plus les deux personnes le feront longtemps, plus elles seront excitées.

Quand les préliminaires auront duré suffisamment, les corps des deux personnes seront prêts. L'homme est en érection (eh oui, toujours !) et le vagin de la femme est humide et glissant. C'est un bon indicateur pour dire qu'ils sont prêts à ce que beaucoup considèrent comme le plus excitant, la pénétration.

Le cerveau vaut tous les organes sexuels.

Il y a différentes positions qu'un homme et une femme peuvent prendre pour la pénétration, mais la plus commune est celle où la femme s'allonge sur le dos, avec les jambes écartées, et l'homme se couche sur elle, entre ses jambes. Cette position est parfaite pour que le pénis glisse dans son vagin. Une fois qu'il y est, il peut rentrer et sortir. C'est très agréable, pas seulement pour les sensations que cela procure au pénis mais parce que l'on ne peut pas être plus proche. Être ensemble, si proches, voir combien c'est agréable, ça rend le rapport encore plus excitant. Le cerveau vaut tous les organes sexuels, tu te souviens ?

Il y a bien sûr d'autres positions, comme celle où l'homme est allongé sur le dos et la femme est assise sur lui. Quelle que soit la position pratiquée, la façon habituelle d'avoir un rapport sexuel est de faire aller et venir le pénis à l'intérieur du vagin. Au bout d'un moment (cela peut durer une minute ou moins, une demi-heure ou plus) l'homme ressent une impression de picotement, de plaisir très fort partout. C'est le summum de l'excitation ou le début de l'orgasme dont on a déjà parlé. Une fois que l'orgasme commence, il est très difficile de s'arrêter et cela arrive au moment même où l'homme éjacule.

Les femmes aussi ont des orgasmes, avant ou pendant la pénétration. L'orgasme chez une femme est un peu différent de celui de l'homme. Elle n'éjacule pas, bien qu'elle ait aussi une sensation similaire de plaisir partout dans le corps. Certaines femmes peuvent avoir plusieurs orgasmes à la suite alors que la plupart des hommes n'en ont qu'un, avant de ressentir une certaine fatigue. Il y a des femmes qui n'ont jamais d'orgasme, même si elles prennent plaisir à faire l'amour, et d'autres qui n'ont d'orgasmes qu'en se masturbant, c'est-à-dire en se caressant ou en frottant leur vulve ou leur clitoris.

Après l'orgasme, il est difficile pour l'homme de continuer le rapport ; soit parce qu'il n'a plus d'érection, soit parce que son pénis est alors très sensible, ou parce qu'il n'en a plus envie.

Un autre point qui différencie les hommes des femmes : après avoir fait l'amour, beaucoup d'hommes aiment s'isoler et s'endormir, un peu comme un lion qui se repose au soleil, alors que les femmes recherchent davantage les câlins. Sans doute que nous sommes faits comme ça. Pour les hommes, l'acte sexuel serait peut-être la partie la plus importante de la relation sexuelle, alors que pour les femmes, il s'agirait plus de se sentir proche de la personne qu'elles aiment.

L'important réside ici : la plus belle relation sexuelle est celle que deux personnes désirent, quand chacun prend le temps de donner du plaisir à l'autre, plutôt que d'agir égoïstement. Le sexe est quelque chose qui se partage.

De : Piquet de tente

À : richard.lesage@milan.fr

Objet : Excitation non désirée

Cher Richard Le Sage,

L'autre jour pendant le cours de sport, on faisait des exercices et on devait faire des abdominaux deux par deux. Ma partenaire était une fille gentille, mais qui ne me plaît pas particulièrement. Bref, elle a commencé la première pendant que je lui tenais les pieds. J'étais gêné parce que pendant que je tenais ses pieds, j'ai commencé à avoir une érection. Tu vois, une vraie érection même si la fille ne me plaisait pas. Pas de cette façon en tout cas. Mais après, on devait changer, ce qui veut dire que je devais m'allonger pendant qu'elle tenait mes pieds. Sauf que j'avais une érection, et je savais que quand je m'allongerais, elle le verrait, ainsi que tous les autres. Alors, je me suis assis en prétendant un mal de dos. La prof s'est mise en colère contre moi et m'a mis en retenue pour refus de participation.

Mais je n'étais pas attiré particulièrement par cette fille, alors pourquoi ai-je eu cette érection ?

Piquet de tente

De : richard.lesage@milan.fr

À : Piquet de tente

Objet : Re : Excitation non désirée

Cher Piquet de tente,

Ce que tu me racontes là m'a l'air d'avoir été rude. Je présume que ce que tu veux savoir, c'est pourquoi tu as eu une érection en plein cours de sport, alors que ce n'est pas l'endroit le plus excitant.

Imagine, ta navette a besoin d'être prête pour le décollage au moment du signal. Le centre de contrôle poursuit les essais jusqu'à être sûr qu'elle soit prête. C'est un peu comme une répétition avant le lancement. Malheureusement, un peu plus tôt dans le programme, ta navette ne communique pas vraiment bien avec le centre de contrôle. En d'autres mots, ton cerveau sait que c'est un essai, mais ton pénis ne le sait pas, et ce jusqu'à ce que le message qu'il n'y aura pas de lancement aujourd'hui arrive enfin.

Et pourquoi ça t'est arrivé avec une fille que tu n'aimes même pas ? C'est une fille, n'est-ce pas ? Oui, mais une fille que tu n'aimes pas tant que ça ? J'imagine que ton message est toujours sur le chemin depuis le centre de contrôle.

Houston, il n'y a aucun problème.

RICHARD LE SAGE

7 Le sexe SANS RISQUES

Quand on parle de sexe sans risques, on ne parle pas des risques qu'il y a à le faire sur le seuil d'une porte pendant une avalanche. Le sexe sans risques concerne tout ce dont tu dois te protéger quand tu as des rapports sexuels, sans parler de casques ni d'armures.

LE CONTRÔLE DE LA NATALITÉ

La première chose dont on peut vouloir se protéger, c'est de faire un bébé, ou pour une fille, de tomber enceinte. Tu peux te dire qu'il ne doit pas être facile de tomber enceinte puisque l'ovule n'est là que deux jours par mois. Mais figure-toi que beaucoup de bébés sont conçus uniquement par accident. Ce n'est pas toujours une mauvaise nouvelle mais parfois, si.

En général, les couples qui veulent avoir des enfants vivent ensemble. Ils peuvent avoir envie de fonder une famille ou, s'ils sont déjà parents, vouloir d'autres enfants. Mais beaucoup de couples veulent continuer à avoir des relations sexuelles sans avoir à s'inquiéter de la venue d'un bébé neuf mois plus tard.

Avoir un bébé, cela représente beaucoup d'argent et beaucoup de temps. Si la femme travaille, cela sous-entend qu'elle devra s'arrêter quelque temps. Et puis, il y a les couples qui ne sont pas sûrs d'être prêts à devenir parents pour différentes raisons. Donc, les couples qui veulent avoir des relations sexuelles et qui ne désirent pas d'enfant ont besoin d'un moyen pour empêcher le sperme de l'homme d'atteindre l'ovule. On appelle ça le contrôle de la naissance ou encore la contraception.

Quentin s'amusait tellement à gonfler des préservatifs qu'il n'a même pas réalisé que sa copine était partie.

Différents moyens de contraception existent. Le plus utilisé est le préservatif. Un préservatif est un peu comme un ballon gonflable que l'on met sur le pénis quand l'homme a une érection. Comme le préservatif est très fin, les sensations pendant le rapport sexuel, avec ou sans, ne changent pas. Mais quand l'homme éjacule, tout le sperme est bloqué dans un petit réservoir au bout du préservatif et ne risque donc pas d'atteindre l'ovule, même s'il y en a un.

Le préservatif est pratique parce qu'il est petit et facile à transporter, rapide à mettre et que tu n'as pas à être aussi prévoyant qu'avec les autres méthodes contraceptives. C'est un moyen très sûr d'empêcher une grossesse. Ce n'est pas parfait, mais c'est déjà pas mal.

Une autre manière d'éviter une grossesse est de prendre la pilule. La pilule se présente sous la forme d'un petit cachet que la femme prend tous les jours et qui change les dosages hormonaux de son corps de façon à ce qu'elle ne libère plus d'ovule chaque mois. Même si le sperme entre dans l'utérus de la femme, il n'y aura aucun ovule à féconder.

La pilule est elle aussi très efficace pour empêcher la conception d'un bébé. Mais comme pour le préservatif, ce n'est pas entièrement sûr. Et puis c'est assez contraignant car la femme doit se rendre chez son médecin et son pharmacien pour obtenir ses plaquettes de pilules et ne doit pas oublier de la prendre chaque jour sinon ça ne fonctionnera pas. En cas d'oubli, il est possible qu'elle tombe enceinte.

Il y a d'autres méthodes contraceptives : le préservatif féminin, le stérilet, le diaphragme, les spermicides, le patch contraceptif… Mais elles sont moins connues et parfois délicates d'utilisation et, comme la pilule, elles ne protègent pas des maladies sexuellement transmissibles (dont je te parlerai d'ici peu).

Il existe des méthodes de contraception dites « naturelles », comme le « retrait » ou la « méthode des températures », mais je ne les conseille à personne : on dispose désormais de moyens de contraception plus fiables.

IL SUFFIT D'UN PETIT SPERMATOZOÏDE ET D'UN PETIT OVULE POUR FAIRE UN PETIT BÉBÉ !

Il suffit d'un petit spermatozoïde et d'un petit ovule pour faire un petit bébé !

Certaines religions considèrent que le rapport sexuel ne doit avoir lieu que pour faire des enfants, toute sorte de contraception, même un préservatif, étant mauvaise. Après, c'est à chacun, à chaque couple de se faire son avis sur la question.

Bien évidemment, le meilleur moyen de ne pas avoir d'enfants est de ne pas avoir la moindre relation sexuelle. Si un couple ne fait pas l'amour, il ne risque pas d'avoir d'enfant. Quand ça a lieu, c'est uniquement par l'intermédiaire de scientifiques en blouses blanches. Généralement, ne pas avoir de rapport est la façon la plus sûre et la plus simple pour empêcher Monsieur Sperme de rencontrer Madame Ovule.

Les maladies sexuellement transmissibles

La seconde partie de ce chapitre sera consacrée aux maladies ou infections sexuellement transmissibles (IST). Il y aura quelques mauvaises surprises dans cette partie. Certaines de ces infections peuvent se contenter de provoquer une démangeaison sur ton pénis, d'autres peuvent t'empêcher d'avoir un enfant pour toujours, même si tu désires en avoir un jour. Et les pires IST peuvent te rendre vraiment malade et même te tuer. La règle à adopter est simple : si une maladie a un nom difficile à épeler alors elle est à fuir ! Elles s'appellent herpès, hépatite, chlamydia, syphilis et blennorragie (tu vois ce que je veux dire ?). La pire de toutes, c'est le sida, ou HIV, peut-être plus facile à épeler que les autres mais bien plus grave. Tu peux attraper le HIV de différentes façons (on entend par HIV le virus qui provoque le sida). La contamination la plus courante arrive lorsque tu as un rapport sexuel avec une personne qui l'a déjà.

> Qu'elles aient un nom difficile à épeler ou non, elles sont toutes à fuir !

Le problème, c'est que tu ne peux jamais savoir si quelqu'un a ce type de maladie en le regardant ou en lui parlant. Il peut déjà avoir été contaminé par quelqu'un avec qui il a couché avant. Et tu ne le sauras que quand tu auras été contaminé toi-même.

La meilleure façon pour ne rien attraper de la personne avec qui tu couches (ou pour la protéger d'une maladie que *tu* pourrais avoir) est de mettre un préservatif. La pilule, les diaphragmes et les spermicides n'arrêtent pas ces maladies, ils t'empêchent juste d'avoir un enfant. Alors, si tu veux être bien protégé, utilise un préservatif.

Et la meilleure façon pour ne rien attraper, c'est de ne pas coucher avec quelqu'un que tu connais à peine. *Là*, tu es vraiment protégé, même si c'est facile à dire !

Faire un *test de dépistage* (par une analyse de sang) pour savoir si l'un ou l'autre a déjà quelque chose est une bonne initiative à prendre avant de coucher avec quelqu'un.

Si quelque chose t'inquiète sur ta santé, consulte un médecin. Les soucis de santé s'ils sont traités rapidement ont plus de chances d'être guéris. Sache qu'un médecin n'est pas autorisé à parler de tes problèmes à quelqu'un sans ton accord. Quoi que tu lui dises, cela restera complètement confidentiel.

De : Nerveux

À : richard.lesage@milan.fr

Objet : Besoin d'un conseil

Cher Richard Le Sage,

Comment dois-je faire pour acheter un préservatif ?

Comment dois-je le mettre ?

Nerveux

PS : Est-ce que tout mon argent de poche risque d'y passer ?

De : richard.lesage@milan.fr

À : Nerveux

Objet : Re : Besoin d'un conseil

Cher Nerveux,

Tu peux acheter des préservatifs dans les supermarchés, dans les pharmacies et les bureaux de tabac. Tu vois que ce n'est pas bien compliqué. Tu prends le paquet, tu l'amènes à la caisse et tu le payes. Ne pense même pas en essayer un avant d'être à la maison, en lieu sûr, la porte fermée (les vigiles dans les magasins trouveraient ce genre de chose plutôt déplacé !).

Comment le mettre ? Au début, il est plat et enroulé, ensuite tu le mets au bout de ton pénis en érection et tu le déroules. Quand tu as fini le rapport sexuel, tu le retires et tu le jettes dans la poubelle.

Les instructions sur le paquet indiquent qu'il ne vaut mieux pas le jeter dans les toilettes, ni le renvoyer chez le fabricant. C'est toi qui vois !

Maintenant, *ce n'est pas* le genre de paquet qu'on aime trouver dans sa boîte aux lettres !

Une dernière chose, Nerveux : toute personne qui demande comment acheter un préservatif me semble un peu jeune pour commencer.

Et quelqu'un qui reçoit encore de l'argent de poche est *certainement* trop jeune. Penses-y sérieusement, l'ami. Garde donc ton argent pour autre chose. Ne sois pas impatient. Tu as beaucoup

de temps devant toi pour te préoccuper de ce genre de choses.

Si tu es vraiment impatient, un préservatif est une bonne idée. En d'autres mots, si tu dois le faire, c'est mieux que tu le fasses en te protégeant.

RICHARD LE SAGE

PS : Ils sont à côté des dentifrices et des shampoings ou pas loin de la caisse.

8 POUR ALLER plus loin...

Ce chapitre aborde différents sujets liés à la sexualité sur lesquels tu as déjà dû t'interroger.

LA MASTURBATION

La masturbation, c'est quand tu « joues avec toi-même » ou que tu touches ton pénis parce que c'est agréable. On dit aussi « se branler », « s'astiquer » ou « se palucher », plus des centaines d'autres expressions. Certains garçons commencent à jouer avec leur pénis quand ils sont bébés, d'autres commencent plus tard. Certains disent qu'ils ne l'ont jamais fait mais ce sont probablement des menteurs. Presque tous les hommes se sont masturbés au moins une fois dans leur vie. On raconte que les hommes ont commencé à marcher sur leurs pattes arrière pour que leurs mains soient libres pour la masturbation. Bien sûr, ce n'est pas vrai, par contre, on n'a pas tort de dire que pratiquement tous les hommes se masturbent. Et tu ne vas pas le croire, mais la plupart des filles et des femmes se masturbent aussi.

Certains disent qu'ils ne l'ont jamais fait, mais ce sont à coup sûr des MENTEURS.

La masturbation n'est pas un sujet dont les gens parlent beaucoup. C'est surtout parce que c'est quelque chose que l'on fait dans un cadre privé et intime, et aussi parce que cela a longtemps été considéré comme honteux. On disait aux garçons et aux hommes que s'ils se masturbaient, ils deviendraient sourds ou aveugles, qu'ils auraient des poils qui leur pousseraient dans les mains et qu'ils auraient du mal à se concentrer en classe. Rien de tout cela n'est vrai. En fait, la masturbation t'apprend beaucoup de choses sur ton corps, sur la sexualité et sur ces sensations qui viennent pendant le rapport sexuel. Pour toutes ces raisons, c'est un acte normal et plutôt sain, il n'y a rien de mal ni de drôle à cela.

Bien sûr, c'est comme tout, si tu ne fais que te masturber, tu finiras par trouver ça ennuyeux. Si ça devait te rendre sourd, il y aurait bien plus de monde en train d'apprendre le langage des signes !

Il y a plusieurs façons de se masturber, mais le plus souvent, ça consiste à caresser le pénis en érection, généralement jusqu'à l'éjaculation.

Pourquoi est-ce qu'on se masturbe ? Est-ce qu'il y aurait un quelconque lien psychologique avec l'amour de soi ? Non, c'est probablement parce que c'est simplement agréable. Ça n'a rien à voir avec le fait d'être proche de quelqu'un que tu aimes, partager des émotions, être romantique ou aimer. C'est juste pour le plaisir, sans aucun souci. À la condition de le faire en privé, cela ne blessera personne.

De : Solitaire

À : richard.lesage@milan.fr

Objet : Sur la masturbation

Salut Richard le Sage,

Quel est ton meilleur conseil concernant la masturbation ?

Solitaire

De : richard.lesage@milan.fr

À : Solitaire

Objet : Re : Sur la masturbation

Cher Solitaire,

Que veux-tu que je te dise ? Tu veux un mode d'emploi ? Que je te fasse un schéma ? Je ne sais pas vraiment quoi répondre à cette question, alors je ne te dirai que cela : *fais-le en privé*. Ta chambre fera l'affaire. Ou dans la salle de bains, si la porte est fermée. Mais dans la section biologie de la bibliothèque de ton école pendant les vacances, ce n'est pas une très bonne idée. Tu peux te faire dénoncer pour ce genre de comportement et ça peut te suivre longtemps, très longtemps. Jusqu'à l'âge adulte, jusqu'à ta mort.

RICHARD LE SAGE

La pornographie

La pornographie (ou le porno) concerne tout ce qui a trait au sexe, de façon à exciter sexuellement le spectateur ou le lecteur. Un manuel scolaire qui montre des corps nus n'est pas pornographique, ni ce livre d'ailleurs, car leur but n'est pas de chercher à t'exciter mais de te donner des informations. La pornographie, tu peux la trouver dans certains magazines, vidéos, DVD ou livres, qui exhibent des gens nus ou en partie nus, dans des scènes obscènes et grossières.

Porno pour tortue.

Internet a rendu la tâche des parents et des enseignants assez difficile puisqu'il est désormais très facile, même pour les jeunes enfants, d'y trouver de la pornographie.

Souvent la pornographie dénature le sexe, qui n'est plus alors l'expression de l'amour entre deux personnes proches. Elle le détourne en quelque chose d'assez laid, montrant des gens en train de faire des choses qu'un couple d'amoureux n'imaginerait jamais faire. Ce genre de pornographie est facile à reconnaître mais parfois la limite entre art et pornographie n'est pas claire du tout. Ce n'est pas un problème nouveau. Il y a des siècles, des peintures considérées par certains comme artistiques étaient pornographiques pour d'autres. C'est également arrivé avec des livres. Quelqu'un peut regarder une photo de nu et être totalement sûr que c'est de l'art, alors que quelqu'un d'autre peut dire : « *Je ne me sens pas à l'aise avec une personne qui montre autant de nudité, c'est de la pornographie* ».

Mais la plupart du temps, le porno est facile à repérer. Quand tu vois du porno, tu peux avoir une érection et être excité. C'est naturel, puisque les hommes sont conçus pour être prêts pour un rapport à la moindre chose qui les fait penser au sexe. Regarder des photos de gens nus est une activité des garçons curieux (comme des hommes) depuis longtemps. Certains disent que cela aide les jeunes garçons à se renseigner sur les femmes, alors que d'autres affirment que ça dévalorise les femmes et mène les garçons à ne plus les respecter du tout.

LA LIMITE ENTRE ART ET PORNOGRAPHIE N'EST PARFOIS PAS CLAIRE DU TOUT.

En fait, ce que l'on peut se dire, c'est que la majeure partie de la pornographie est faite pour les hommes par des hommes, et que du coup on y montre peu de respect pour les femmes. Il y a bien sûr des femmes qui acceptent d'être photographiées ou filmées de cette façon, en sachant exactement ce qu'elles font, qui sont payées pour cela et plutôt bien. Mais il y en a aussi beaucoup qui le font par besoin d'argent, de reconnaissance ou d'amour. Puis il y a celles qui ne veulent pas poser du tout et qui y sont obligées. Le problème c'est qu'il n'est parfois pas facile de faire la différence entre les jeunes femmes qui veulent participer à ces séances photo et à ces tournages, et celles qui ne le veulent pas.

Il y a une chose, en revanche, que l'on ne doit *jamais* accepter, c'est la pornographie avec des enfants. Non seulement les enfants sont trop jeunes pour prendre part à ce genre de choses, mais ils ne peuvent qu'y être contraints et forcés. Ça veut dire que ces enfants sont confrontés à des envies sexuelles d'adultes malsains et qu'on les blesse à de nombreux niveaux. Toute personne impliquant un enfant dans une scène de pornographie risque la prison pour très longtemps. Si tu entends parler de quelqu'un qui essaie ou a essayé d'organiser une telle pornographie, tu dois immédiatement prévenir un adulte responsable.

De : Embarrassé

À : richard.lesage@milan.fr

Objet : Est-ce que c'est pornographique ?

Cher Richard le Sage,

Des fois, j'ai une érection quand je regarde les mannequins sur les magazines de mode de ma sœur. Alors, j'ai envie d'aller dans ma chambre et de... tu vois... me masturber. Que dois-je faire ?

Embarrassé

PS : Est-ce que c'est pornographique ?

De : richard.lesage@milan.fr

À : Embarrassé

Objet : Re : Est-ce que c'est pornographique ?

Cher Embarrassé,

J'allais d'abord te demander pourquoi tu regardes les magazines de mode de ta sœur. Puis, j'allais te demander ce que tu faisais dans sa chambre, et si elle sait que tu regardes ses magazines. Et puis, je me suis dit, si tu regardes les magazines de ta sœur, c'est parce que les mannequins te plaisent. Et j'avoue que je te comprends, certaines de ces filles sont vraiment sexy. Mais je ne dirais pas que ce genre de magazine est pornographique. Même si ces filles te font *courir* jusque dans ta chambre pour un petit plaisir personnel.

Que dois-tu faire ? Ce que je pourrais dire importe peu, puisque l'on sait tous les deux pertinemment que tu continueras à le faire, de toute façon. Mon meilleur conseil sera : ne te fais pas prendre dans la chambre de ta sœur, et encore moins la main scotchée à ton pantalon. Et si tu te fais choper en train de regarder l'édition bikini de *Jeune et Jolie*, dis simplement que tu t'intéresses au Lycra pour un projet de sciences.

Ou un truc dans le genre. Que tu le veuilles ou non, ta sœur ne te croira pas.

Mais ça vaut la peine d'essayer.

Bonne lecture,

RICHARD LE SAGE

Être homosexuel

Si tu pensais échapper à ce sujet parce que tu crois tout savoir des homosexuels ou parce que tu ne *veux* pas en entendre parler, tu es LA personne qui doit lire ce qui suit. Tu pourrais bien apprendre quelques petites choses.

Gay : ce mot anglais que l'on utilise, s'est éloigné de son sens premier (heureux, gai) pour désigner les hommes qui préfèrent les hommes aux femmes. Puis il a pris une connotation, parfois péjorative ou incongrue, comme quand on dit : « *la couleur de cette voiture fait* tellement *gay* ». C'est regrettable parce que utiliser le mot de cette façon, c'est associer les gays, les homosexuels donc, à un jugement de valeur.

Les homosexuels sont des hommes qui préfèrent les hommes et des femmes qui préfèrent les femmes (on parle aussi de lesbiennes, dans ce cas-là). Il n'est pas nécessairement question de rapport sexuel. On peut être gay et n'avoir jamais eu de relation sexuelle, être juste attiré par les gens du même sexe. Tout comme les hétérosexuels sont attirés par des personnes de sexe opposé.

Pourquoi certaines personnes sont-elles homosexuelles ? Est-ce qu'on naît ainsi ? Sans doute que non. Est-ce qu'on le devient en fonction de son parcours et de ses expériences ? Les raisons peuvent être complexes, mais peu importe ce qu'elles sont, il y a des mythes ou de fausses vérités sur l'homosexualité que l'on véhicule et que l'on croit à tort.

Mythe n°1 : *Les homosexuels sont tous des pervers.* Lorsque l'on parle de pervers, on imagine des gens qui rôdent en espérant attraper de jeunes innocents pour les forcer à coucher avec eux. On imagine que tous les homosexuels veulent coucher avec n'importe qui du sexe masculin. C'est faux. De la même façon que les hétérosexuels ne sont pas attirés par toutes les filles, les homosexuels trouvent certains garçons attirants, mais pas tous. Donc, si tu connais un homosexuel, tu ne dois pas avoir peur d'aller aux toilettes avec lui. Détends-toi, il ne va pas essayer de coucher avec toi.

Encore une fois : si quiconque, homosexuel ou hétérosexuel, essaie de te forcer à coucher avec lui, tu dois tout de suite prévenir une personne adulte de confiance.

Il y a des gens qui associent l'homosexualité à la *pédophilie* (des adultes qui abusent sexuellement des enfants). C'est également faux. Ce rapprochement vient probablement du mot *pédéraste* qui, dans l'Antiquité, désignait l'homosexualité entre un homme adulte et un adolescent. Le diminutif du mot, *pédé*, a été utilisé pour parler des homosexuels en général, et de façon très péjorative. C'est sans doute là que se trouve l'origine de cet amalgame ridicule entre homosexualité et pédophilie.

Oui, il *existe* des adultes, malades psychologiquement, qui se servent du corps des enfants : c'est interdit par la loi. Mais ça ne concerne pas particulièrement les homosexuels. Le conseil que je pourrais te donner reste le même : si une personne plus âgée t'embête ou te met mal à l'aise, ne reste pas avec elle, et dis-le à quelqu'un.

Et sache qu'être ami avec quelqu'un qui est homosexuel ne te rendra pas homosexuel. Ton ami homosexuel n'essaie pas de te recruter ! Il est d'ailleurs fort probable qu'il n'ait aucune vue sur toi et que seule ton amitié compte pour lui.

Mythe n°2 : *Tu peux dire de quelqu'un qu'il est homosexuel juste en le regardant*. Autant que je sache, il n'y a pas de marque gay qui nous informe sur l'identité sexuelle. Le fait que quelqu'un ait une petite voix, lance un ballon d'une certaine façon, ou aime tricoter ne veut pas dire qu'il est homosexuel. Tout comme battre un record de buts pendant un match, avoir une passion pour la moto ou une grosse barbe au collège ne veut pas dire que l'on est hétérosexuel. Il y a des homosexuels qui sont grands, forts et virils et des hétérosexuels « efféminés ». Tous ces signes ne sont absolument pas des indices.

Mythe n°3 : *Les homosexuels transmettent des maladies comme le sida.* Ils ne sont pas les seuls ! Nous avons déjà vu comment on peut attraper des maladies sexuellement transmissibles avec les hétérosexuels. Tu peux contracter le sida, une hépatite ou d'autres IST avec *toute personne* porteuse de ces maladies, peu importe si elle préfère les garçons ou les filles. C'est pour ça qu'avoir des relations sexuelles protégées est si important, pour les hétéros *comme* pour les homos.

FAIRE SON COMING OUT DEMANDE BEAUCOUP DE COURAGE.

Si tu demandais à cent homosexuels ce qui est le plus difficile pour eux dans le fait d'être gay, ils te répondraient presque tous la même chose : que beaucoup de gens ne les comprennent pas. Et que comme ils ne comprennent pas ce que c'est que d'être gay, ils ont peur des gens qui le sont. Heureusement, beaucoup de jeunes acceptent mieux qu'avant les couples gays ou lesbiens de leur âge. Ce qui veut dire que le *coming out* (dire aux autres que l'on est homosexuel) est peut-être plus facile qu'avant. Mais c'est toujours une chose difficile à faire. Dire à tes amis et à ta famille que tu es homosexuel demande beaucoup de courage.

Même si tu n'as pas d'idées sur ce que les homosexuels sont et ressentent, ce n'est pas une raison pour les brutaliser, te moquer d'eux et les mettre mal à l'aise par rapport à leur identité sexuelle. Tout le monde a le droit d'être soi-même et être cruel ne change pas les gens, ça ne fait que les blesser.

Tu penses que *tu es* gay ou que tu pourrais bien l'être ? Si tu en ressens le besoin, tu peux trouver quelqu'un en qui tu as confiance et lui parler de ce que tu éprouves pour avoir du soutien. Si tu n'oses pas en parler avec un membre de ta famille, un ami ou un enseignant, tu peux prendre rendez-vous avec ton médecin, bien que tu ne sois pas malade, ou à l'infirmerie de ton école.

N'aie pas honte de ce que tu es, que tu sois homosexuel ou hétérosexuel.

De : Inquiet

À : richard.lesage@milan.fr

Objet : Est-ce que mon ami est homosexuel ?

Salut Richard le Sage, j'ai une petite question.

Je connais mon meilleur ami depuis que je vais à l'école. On a fait des tas de choses ensemble.

On fait du foot, on est dans la même équipe de basket et on va au skate-park presque tous les week-ends.
Mais l'autre jour on avait fait du BMX et on était plein de boue. Avant de nous laisser rentrer dans la maison, ma mère nous a demandé de prendre une douche. J'ai donc pris une douche à côté de la buanderie et lorsque je suis sorti, mon ami y rentrait. Et quand il m'a tendu une serviette, j'ai vu qu'il avait une érection. Je pense qu'il était excité parce qu'on était dans la salle de bains ensemble. J'ai fait comme si je n'avais rien vu mais ça m'a inquiété.
Et s'il me draguait ? Je sais que je ne suis pas homosexuel, mais s'il l'était ? Et en plus, il m'a invité à dormir chez lui vendredi soir. J'ai peur qu'il essaie de venir dans mon lit ou de faire quelque chose.
Comment savoir s'il est homosexuel, et si c'est le cas, comment faire pour qu'il ne le soit pas avec moi ?
Inquiet

De : richard.lesage@milan.fr

À : Inquiet

Objet : Re : Est-ce que mon ami est homosexuel ?

Cher Inquiet,

Bon… par où commencer ? Avoir une érection en face d'un autre garçon ne fait de personne un homosexuel. Il s'agissait sans doute d'une de ces érections qu'on a au mauvais moment, ou peut-être qu'il pensait à quelqu'un en particulier, mais pas forcément à toi ! S'il t'avait dit : « *Eh, mon pote, regarde ça, j'ai un gros machin. Tu veux le toucher ? Allez, tu vas aimer !* » je reconnaîtrais que tu es en droit de penser ça, mais avoir une érection n'est pas un indice.

Je ne pense pas que tu doives annuler la soirée de vendredi prochain. S'il essaie de se glisser dans ton lit (ce dont je doute), agis de la même manière que

si tu te retrouvais face à quelqu'un qui te met mal à l'aise : dis-lui que ce qui se passe ne te plaît pas.
Si ton ami est homosexuel, il a besoin de savoir que tu vas continuer à être son ami. Tu vois, les gens qui sont homosexuels doivent souvent faire leur *coming out* (traduction : sortir du placard). Ça peut être une chose difficile à faire, alors ton ami aura besoin de savoir que tu le soutiens. Ça ne veut pas dire que tu dois devenir son petit ami, il y a peut-être même peu de chances pour que tu lui plaises ! Mais il a besoin de quelqu'un qui le comprenne. Il a également besoin de quelqu'un qui l'aide à être fort parce que le regard des gens ignorants peut être vraiment dur.
Plus particulièrement si ces gens ignorants sont censés être tes amis.
Mais jusqu'à ce que tu te fasses une idée claire sur l'homosexualité de ton copain, je ne m'inquiéterais pas trop. Et essaie de ne pas regarder.
Courage,

RICHARD LE SAGE

9 Ton pénis : MANUEL D'UTILISATION

Bon, je sais que ton pénis n'a pas vraiment besoin d'un manuel d'utilisation. Il n'est pas en kit, on est d'accord.

Seulement voilà, ton pénis est un équipement très compliqué. Ce qui se passe dans ce « petit » organe est plutôt intéressant.

La plupart du temps, ton pénis pend. Mais quand tu es excité, ton cerveau lui envoie des signaux et de petites valves, dans ses vaisseaux sanguins, attrapent le sang dans des compartiments spéciaux qui courent tout le long. C'est ce qui fait grossir et durcir ton pénis. Certaines érections sont droites, d'autres pointent vers le haut, d'autres sont encore un peu vers le bas, et certaines partent même sur le côté. Une chose ne change jamais : quand tu as une érection, ton pénis devient plus gros et plus dur.

Quand un garçon voit le jour, son pénis a un morceau de peau à son bout. C'est ce qu'on appelle le prépuce, et quand il y a érection, le prépuce se retire afin que le bout du pénis, le gland, soit exposé. Il n'y a pas si longtemps, beaucoup de petits garçons étaient circoncis, c'est-à-dire qu'on leur coupait le prépuce. Des parents pratiquant certaines religions veulent encore que leurs fils soient circoncis, mais ce n'est plus aussi fréquent. Pour la plupart des garçons, il n'y a pas de raison médicale de les circoncire. C'est pourquoi beaucoup de bébés garçons gardent leur prépuce.

Quand tu prends une douche ou un bain, il est conseillé de décalotter le prépuce et de nettoyer en dessous. Si tu ne le fais pas, tu risques d'avoir une infection. Assure-toi simplement de bien le remettre en place, sinon, tu pourrais avoir des problèmes plus tard.

Même si le cancer des testicules est très rare à ton âge, contrôler tes testicules est également une bonne habitude à prendre. Tu peux tout simplement sentir tes testicules à travers la peau de ton scrotum. Ils doivent avoir la même taille, avec une petite partie plus sensible au bout de chacun. Si jamais tu remarques qu'un testicule est *beaucoup* plus gros que l'autre, si tu sens des grosseurs étranges, ou si ça te fait vraiment mal de les toucher, consulte ton médecin.

Il y a des pénis de toute taille et de toute forme. Certains sont longs ou repliés sur eux-mêmes. D'autres sont plutôt petits ou très gros. Les hommes plaisantent parfois sur la taille de leur pénis, comme si le fait d'en avoir un grand rendait plus viril. Ce n'est pas vrai. Les hommes avec des petits pénis n'ont pas à s'inquiéter puisque l'érection équilibre à peu près les choses. Les petits pénis grossissent jusqu'à une certaine taille, alors que de plus gros pénis n'augmentent souvent pas plus.

IL Y A DES PÉNIS DE TOUTE TAILLE ET DE TOUTE FORME.

Et puis, n'oublie pas ce dont on a déjà parlé : ton cerveau est un organe sexuel tout autant que ton pénis.

Donc, voilà les faits. Ton pénis a beaucoup de valeur. Ce n'est pas la seule chose qui fait de toi un homme mais c'est un accessoire important, alors prends-en soin. Tu n'en auras pas d'autres !

Une fois de plus, Lucas avait parlé avant de réfléchir.

De : Thomas Pouce

À : richard.lesage@milan.fr

Objet : Suis-je normal ?

Cher Richard Le Sage,

J'ai un peu peur que mon pénis ne grandisse plus. Ceux de mes amis sont bien plus grands qu'avant mais le mien reste tout petit. Quand nous nous changeons au vestiaire pour le cours de sport, ils se baladent avec leurs pénis d'hommes alors que je reste dans un coin pour me changer aussi vite que possible et que personne ne puisse me voir. Je n'ai même pas de poils pubiens !

Et si mon tout petit pénis ne grandissait jamais ?

Serais-je diminué pour toujours ?

Tom Pouce

De : richard.lesage@milan.fr

À : Thomas Pouce

Objet : Re : Suis-je normal ?

Cher Tom Pouce,

Pas de panique. Les garçons se développent à des rythmes différents. Tu rattraperas les autres, cela peut seulement prendre un an ou deux de plus chez toi.

Et même s'il reste petit pour toujours, la taille de ton pénis au repos n'a rien à voir avec sa taille en érection. En d'autres mots, quand tu as une érection, ce que mesure ton pénis au repos n'a plus rien à voir. Tu pourras profiter des relations sexuelles, tout comme la fille qui sera avec toi.

La taille n'est pas la plus grande... pardon, n'est pas la chose *principale* dont tu dois te soucier.

Le sexe, c'est plus une histoire de sentiments qu'on partage qu'une question de taille de pénis.

Mais je suis convaincu que tout se passera bien.

Écris-moi à nouveau dans trois ans si ton pénis a toujours la taille d'un petit doigt, ce dont je doute.

Salut,

RICHARD LE SAGE

10 Les filles, les filles, toujours les filles

Les filles sont des créatures étranges. Elles ont des centres d'intérêt totalement différents de ceux des garçons. Elles aiment la mode, elles s'envoient des SMS et se téléphonent *tout le temps*. Elles collent des posters de stars de cinéma ou de musique sur les murs de leur chambre. Et c'est très bien, parce que les filles trouvent que ce qui t'intéresse, *toi*, est très bizarre aussi. La moto, le basket, le foot, les voitures rapides, le rugby ou les jeux vidéo, tout ça, c'est aussi mystérieux pour les filles qu'une soirée pyjama-magazines et test-psycho l'est pour toi.

Même la façon dont les filles gèrent leurs relations est différente. Les garçons peuvent se battre, montrer qu'ils ne sont pas d'accord, avoir un rival ou un ennemi, comme celui qui se prend pour le capitaine de l'équipe de rugby alors que tu sais bien que ça ne peut être que toi. Les garçons gèrent très simplement leur rivalité : soit ils se battent, soit ils s'ignorent.

Les filles sont différentes. Généralement, au lycée, elles sont souvent en bande, entre elles. C'est cette barrière-là, *le groupe*, que tu devras d'abord franchir si tu veux sortir avec l'une d'entre elles.

Avoir une petite amie, ça veut dire plein de choses différentes. Parfois, tu appelles « petite amie » une fille parce que tu as tout simplement *envie* d'avoir une petite amie, pour te sentir plus grand.

Tu fais alors passer à cette fille des petits mots par un intermédiaire pour savoir si elle veut bien « sortir » avec toi. Elle te taquinera, te tournera autour et t'ignorera, et quelquefois c'est *toi* qui feras la même chose avec elle.

Une autre fois, tu remarqueras qu'une fille attire particulièrement ton attention. Tu commenceras à penser à elle tout le temps et tu voudras savoir ce qu'elle fait à chaque minute de la journée. Ce que tu voudras faire en premier, c'est l'impressionner. Elle devra te remarquer et se rendre compte que *tu* es génial.

IMPRESSIONNER UNE FILLE

Vouloir impressionner une fille n'est pas une nouveauté et ce n'est pas seulement réservé aux êtres humains. Lorsqu'un homme frime, son comportement n'est pas loin de ressembler aux rituels d'accouplement des animaux.

FRIMER N'EST PAS SI DIFFÉRENT DES RITUELS D'ACCOUPLEMENT DES ANIMAUX.

Tu as sûrement déjà vu un paon se pavaner avec ses plumes en éventail. Il y a un objectif à ce comportement : le sexe. Il veut que la femelle, la paonne, le regarde et se dise : « *Mince alors, regarde ce mâle ! Je sens que je vais faire l'amour avec lui !* » Et nous voilà avec des paonneaux qui perpétueront l'espèce.

Un garçon insolent avec un professeur, qui court en hurlant dans la cour de l'école à la poursuite de son meilleur copain, qui hurle lui aussi, ou qui sort sa guitare à l'arrêt de bus de l'école, est exactement comme notre paon. Il ne le sait sans doute pas, mais ce qu'il dit, c'est : « *Eh, les filles, regardez-moi ! Je suis le garçon le plus doué du coin. Si vous cherchez un père pour vos enfants, je suis votre homme !* » C'est assez drôle parce que même s'il n'est pas du tout l'homme qu'il leur faut, il essaiera toujours de prouver qu'il l'est. Pas seulement à une fille, mais à *toutes* les filles.

Les hommes doivent arrêter de se pavaner devant les femmes vers l'âge de 130 ans ! Certes, plus âgés, ils en sont moins conscients, ils ne cherchent pas quelqu'un pour faire des bébés, mais ils continuent à le faire. Ils veulent que les femmes les remarquent, ils veulent être attirants. Ce désir mène parfois à un comportement dangereux et stupide. Si tu sais déjà que faire un gros plat du haut du plongeoir de dix mètres à la piscine va te faire mal, peut-être même te tuer, mais n'impressionner aucune des magnifiques filles qui te regardent, tu peux te demander ce qu'il *faut* faire pour les impressionner. Tu peux t'interroger : « *Que dois-je faire si je veux une petite amie ? Personne ne va me remarquer si je me contente de faire mes devoirs, d'aller à l'école, d'être moi-même et de jouer au handball avec les autres garçons à l'heure du déjeuner.* »

Ce serait vrai si toutes les filles étaient pareilles. Mais ce n'est pas le cas. Certaines filles sont attirées par les garçons discrets qui restent dans leur coin, d'autres par les garçons qui leur tournent autour (et je ne dis pas de leur courir après avec une balle de tennis mouillée !). Telle personne va attirer telle autre personne. Qu'est-ce qui fait que l'on trouve certaines

Alexis savait comment charmer les filles en cours de maths.

personnes plus attirantes que d'autres ? C'est un vrai mystère. C'est ce qu'on appelle « l'alchimie ». C'est un concept aussi scientifique que l'excellent livre que tu es en train de lire. On ne peut pas vraiment l'expliquer, c'est *comme ça*.

Tu vas être surpris, mais les filles *aussi* sont des êtres doués d'intelligence. Elles savent quand un garçon fait semblant d'être quelqu'un d'autre. Ce genre de comportement les refroidit la plupart du temps. La seule solution, c'est donc de rester toi-même.

LES FILLES SAVENT QUAND UN GARCON FAIT SEMBLANT D'ÊTRE QUELQU'UN D'AUTRE.

C'est là que tu vas me dire : « *Mais quand je saute du haut de l'Abribus dans une pile de sacs poubelles, je* suis *moi-même. C'est ce que* j'aime *faire !* » Oui, c'est de bonne guerre, mais j'attends toujours de rencontrer une fille qui, voyant un garçon faire des choses stupides, sorte son téléphone portable pour lui demander son numéro. Elle pourrait être tentée d'appeler une ambulance, mais c'est tout.

Tu me réponds : « *OK d'accord, je*

comprends mais j'aime vraiment cette fille. Je veux vraiment *l'impressionner.* »

Bien sûr que tu veux l'impressionner parce que tu sais bien que si tu ne le fais pas en premier, un autre garçon te la piquera (parce qu'elle est désolée qu'il se soit cassé la colonne vertébrale en sautant du haut de l'Abribus dans les poubelles). Et tu sais que si tu vas vers elle trop tard et qu'elle t'échappe, aucune autre fille ne sera aussi parfaite à tes yeux.

OK, il n'y aura *peut-être* plus jamais de fille aussi parfaite, mais en fait, il est *fort probable* que tu en croises d'autres. Passons. Disons que c'est la fille qu'il te faut. Tu veux l'impressionner. Voici quelques astuces pour retenir toute l'attention de cette fille idéale.

1. **La présentation.** Oui, je sais, ça semble assez évident mais avant que tu ne te décides à sauter ce passage, sache que je ne te dirai pas de te peigner les cheveux ou de te brosser les dents, bien que ce soit un bon conseil. (Le déodorant peut s'avérer d'une grande utilité. Plus particulièrement après une bonne partie de basket à l'heure du déjeuner. Mais pas trop quand même. La modération a du bon...)
   Trêve de plaisanteries, lorsque je parle de présentation, je veux parler de la façon dont tu te présentes à une fille. Est-ce que tu donnes la meilleure image de

toi ? Les deux choses à retenir sont le sourire et le regard. Ce n'est pas dur à faire mais il est facile de l'oublier. Il faut le reconnaître : ce n'est pas facile de sourire à une fille quand tu es sur le point de vomir sur son livre de sciences.

Mais demande aux femmes ce qui les attire chez les hommes et elles te répondront pour la plupart : un beau sourire, un beau regard et un grand sens de l'humour. Même si tu penses ne pas avoir un beau sourire ou de beaux yeux, laisse-la décider par elle-même. De plus, un sourire et un regard soutenu prouvent que tu as confiance en toi. Les filles adorent ça...

2. **La confiance.** Il est vrai que si tu es quelqu'un de timide, tu ne peux pas d'un coup de baguette magique devenir sûr de toi. Mais dis-toi bien que ta discrétion est peut-être ce qu'elle aime précisément chez toi. Même si tu *n'es pas* sûr de toi, tu peux faire comme si tu l'étais. Tu as juste besoin d'un peu de courage. Les phrases comme « *Je te trouve sympa* » ou « *Tu veux qu'on se mette ensemble pour le cours de cuisine ?* » sont bien loin d'une demande en mariage. Franchement, qu'est-ce qui pourrait se passer de mal ? Elle peut répondre : « *Eh bien, tu ne me plais pas* », ce qui serait assez terrible à entendre mais pas la fin du monde pour autant. Elle peut aussi

répondre : « *Je suis déjà avec quelqu'un en cours de cuisine* ». Au moins, elle saura que tu as confiance en toi.

Donc, si tu veux parler à une fille, sois *zen*, va la voir et demande-lui si tu peux t'asseoir à côté d'elle. Si elle répond oui, tu as fait la moitié du chemin.

Eh bien, maintenant, il ne te reste plus qu'à...

3. Écouter. Honnêtement, les filles aiment les garçons qui savent écouter. Cela ne signifie pas que tu n'as pas d'opinion ou que tu n'as rien à dire, mais il faut que tu l'écoutes, tout simplement. (En fait, maintenant que j'y pense, c'est assez important que tu dises quelque chose quand même. Si tu restes simplement assis, sans dire un mot, en faisant juste un signe de la tête, elle pensera sûrement que tu es un peu bizarre.)

Je ne dis pas que tu dois *faire semblant* de l'écouter. Si tu fais ça, elle s'en rendra compte. Et puis, si tu n'écoutes pas attentivement, tu ne pourras pas apprendre toutes ces choses passionnantes qui lui passent par la tête. Il s'agit de tout ce

que tu as envie de savoir sur elle. Quand tu n'es pas d'accord avec elle, n'aie pas peur de lui dire, fais-le simplement avec courtoisie. Son avis est peut-être différent du tien mais ce n'est pas grave.

Ne pas être d'accord tout en restant poli, c'est un signe de respect.

SON AVIS PEUT ÊTRE DIFFÉRENT DU TIEN.

4. **Le respect.** On entend partout parler d'un grand manque de respect. Beaucoup de jeunes gens ne respecteraient pas les personnes âgées, beaucoup de personnes âgées ne respecteraient pas les sentiments des jeunes, les élèves ne respecteraient pas leurs professeurs et certains enseignants seraient agacés par les enfants et ne s'en cacheraient pas.

Les passagers dans les bus et dans les trains ne laisseraient plus leurs sièges aux personnes âgées et aux femmes enceintes, les enfants et les parents ne se respecteraient pas et les couples se diraient parfois des choses très désagréables.

Vu comme ça, être *respectueux*, c'est sortir du lot. Si tu montres du respect à une fille, il y a de fortes chances pour qu'elle te respecte elle aussi. Cela ne veut pas dire que tu dois te lever quand elle arrive dans la pièce, faire le salut, ou jeter ton pull-over dans une flaque pour qu'elle puisse passer sans se salir. De petites attentions comme porter son étui à violon ou lui ouvrir la porte en disent beaucoup plus sur le genre de garçon que tu es, et l'homme que tu es en train de devenir, que quelques démonstrations saugrenues pour l'impressionner.

De : Empressé

À : richard.lesage@milan.fr

Objet : Comment faire pour qu'elle me remarque ?

Cher Richard le Sage,

Quelles sont ces petites choses que je dois faire pour que cette fille que j'aime bien me remarque ?

Je veux l'impressionner mais je ne sais pas comment faire.

Merci,

Empressé

De : richard.lesage@milan.fr

À : Empressé

Objet : Re : Comment faire pour qu'elle me remarque ?

Cher Empressé,

Plutôt que de te dire les choses *à faire*, je vais te donner une liste des choses à *ne surtout pas* faire. Je te promets qu'aucune de ces choses ne l'impressionnera.

1. Savoir roter l'hymne national.
2. Savoir péter l'hymne national.
3. Savoir roter et péter en même temps, même si c'est l'hymne national.
4. Savoir réciter π au-delà de cinq décimales. C'est valable pour n'importe quelle table de multiplication après douze. Ou même de connaître la liste des nombres premiers, bonjour l'horreur !

5. Savoir par cœur les noms de tous les joueurs de l'équipe du Stade Français depuis les dix dernières années.
6. Lui piquer ses affaires. Tu te dis que t'enfuir avec son journal intime est une super idée mais en fait, non. Surtout si tu commences à le lire à voix haute en classe.
7. Descendre à vélo les marches de la bibliothèque.
8. Descendre les marches de la bibliothèque avec *son* vélo à elle.
9. Mettre le feu à quoi que ce soit.
10. Mettre ton slip de bain dans la raie des fesses soit parce que tu trouves ça drôle, soit parce que tu l'as vu à la télévision.
11. Porter un slip de bain tout court, à moins que tu ne fasses de la compétition (une compétition de natation, on est d'accord).
12. Essayer de nager toute la longueur de la piscine municipale en apnée, et être à deux

doigts de te noyer (plus particulièrement si tu portes un slip, et surtout si ton slip te rentre dans la raie des fesses).

13. Mettre quoi que ce soit dans ton nez (stylo, morceau de craie ou doigt).
14. Participer à des compétitions de nourriture en tout genre : hot dogs, pizzas, flans.
15. Vomir après une compétition de nourriture. Pense aux flans.
16. Être saoul.
17. Être saoul et vomir.
18. Fumer.
19. Fumer et vomir.
20. Fumer, boire et vomir.
21. Tout ce que tu es capable de faire après avoir dit : « *Eh, regarde ça !* »
22. Tout ce que tu es capable de faire après avoir dit : « *Les copains, vous ne regardiez pas ! Je vous le refais.* »

J'espère que cela t'aidera et si ça ne t'aide pas, je te souhaite bonne chance.

RICHARD LE SAGE

LE RENDEZ-VOUS

Souvent, quand on parle de *rendez-vous*, on pense à deux personnes qui ont une relation spéciale. On utilise d'autres termes comme « sortir » ou « petit copain » et « petite copine ». Dans ce chapitre, sortir avec une fille, ce sera avoir un *rendez-vous* avec elle.

LE CINÉMA EST UN SUPER ENDROIT POUR UN PREMIER RENDEZ-VOUS.

La première chose, et la plus difficile, dans le rendez-vous, c'est déjà de trouver le courage de demander à une fille si elle veut sortir avec toi. Bien sûr, ça aide de savoir ce que tu vas lui proposer de faire. Si tu lui dis : « *Est-ce que tu veux sortir avec moi un de ces jours ?* », et qu'elle te répond oui, il serait préférable d'avoir des suggestions sous la main, plutôt que de rester béat devant elle.

Le cinéma est un super endroit pour un premier rendez-vous. Grâce au film, tu as moins de pression pour alimenter la conversation. Et ça ne coûte pas si cher. Si tu veux être un vrai gentleman, laisse-la choisir le film.

Cela ne veut pas forcément dire que tu dois aller voir ce vieux film sur la jolie jeune fille handicapée qui est prête à tout pour devenir danseuse. Le mieux est de choisir un film qui vous plaise à tous les deux. (Tu seras peut-être désespéré de ne pas voir le dernier film d'horreur sorti en salles mais elle, elle ne le sera probablement pas.) Et puis, n'oublie pas : l'objectif du rendez-vous n'est pas le film que vous allez voir, mais plutôt que vous fassiez quelque chose *ensemble*.

Donc, tu as organisé le rendez-vous, tu as demandé à la fille si elle voulait voir un film avec toi et elle a dit oui. Super, bien joué ! La prochaine étape consiste à aller la chercher, sauf si elle préfère que vous vous retrouviez sur place. Ça plaira à ses parents, pour commencer, et c'est aussi une question de bonnes manières. Si le cinéma ne se trouve pas à côté de chez toi, demande à tes parents de t'y amener. Si tu le prévois suffisamment à l'avance, ça ne devrait pas poser de problèmes.

SOUVIENS-TOI DES RÈGLES DE POLITESSE.

Voici quelques astuces pour ton premier rendez-vous.

- **Hygiène.** Prends une douche, brosse-toi les dents, mets du déodorant (souviens-toi que trop d'eau de toilette, c'est pire que de ne pas en mettre). Tu n'as pas à porter de cravate ou ce genre de chose stupide, mais un vêtement propre et en bon état fera son effet.

- **Ponctualité.** Si tu ne l'es pas, cela peut te jouer des tours. Si tu arrives trop tôt, elle aura encore les cheveux enroulés dans une serviette et elle sera gênée. Si tu arrives trop tard, elle sera fâchée au moment où tu sonneras chez elle. N'oublie pas qu'elle sera aussi nerveuse que toi, alors ne lui rends pas les choses plus difficiles.

Finalement, Florian et Chloé avaient beaucoup de choses en commun.

- **Parle à ses parents.** Si son père ouvre la porte, souris, dis bonjour, serre-lui même la main, s'il te la tend. Demande-lui si sa fille est prête. S'il t'invite à rentrer, accepte l'invitation. Si sa mère te propose une boisson et que tu as l'estomac trop fragile pour prendre quoi que ce soit, dis juste : « *Non merci* ». En fait, souviens-toi des règles de politesse.

- **Fais-lui des compliments.** Je pense que les gens n'offrent plus de fleurs ou de chocolats pour le premier rendez-vous, mais s'il y a une chose qui n'est pas passée de mode, c'est le bon vieux compliment sincère. Sans lui dire que ses yeux ressemblent à des océans dans lesquels tu voudrais plonger, ou qu'elle sent bon comme un matin d'été, lui dire simplement qu'elle est jolie ne fera aucun mal. Et elle appréciera.

- **Paie pour ce premier rendez-vous.** Au début du XVe siècle, quand tes parents vivaient leur premier rendez-vous, l'homme payait pour tout. De nos jours, les filles prévoient de l'argent pour un rendez-vous et elles sont même contentes de le dépenser. Toutefois, assure-toi que tu as suffisamment d'argent pour tout payer si besoin. Ne lui demande même pas si elle veut payer les places. Va jusqu'au comptoir et demandes-en deux. Ça fait assez mauvais genre de n'acheter qu'un seul billet, et d'attendre qu'elle achète le sien.

TU VAS ÊTRE SURPRIS : LES FILLES SONT DES PERSONNES NORMALES.

Une fois que tu auras acheté les tickets, elle pourra te proposer d'acheter des bonbons. Le mieux est de refuser, mais si elle y tient vraiment, n'en fais pas trop non plus. Elle veut sûrement payer pour que ce rendez-vous soit quelque chose que vous faites à deux. Si elle ne t'offre rien, ne t'inquiète pas. Demande-lui ce qu'elle aime, achète les bonbons, le pop-corn.

- **Apprécie le rendez-vous.** Même si ça ne semble pas nécessaire de le dire, n'oublie pas de t'amuser. Il n'est pas dit que tu veuilles lui prendre la main ou l'embrasser ou faire quoi que ce soit d'autre dès le premier rendez-vous, mais si tu le fais, assure-toi que tes amis ne sont pas assis quelques rangs derrière vous. Je pense que tu vois *pourquoi*.

  De quoi vas-tu parler pendant ce premier rendez-vous ? Eh bien, tu vas être surpris, mais les filles sont des personnes normales. Elles aiment parler des mêmes choses que toi, comme la famille, les animaux, l'école, ce genre de sujets... Souviens-toi qu'elle est au moins aussi nerveuse que toi. Contente-toi de discuter et ne pense pas trop à l'impressionner. Si tu fais tout ce que je t'ai dit, elle le sera déjà suffisamment. Il y aura plus de détails sur la conversation dans un petit moment.

NE TE FAIS PAS DE PEINTURES SUR LE VISAGE OU LE CORPS. PAS LA PREMIÈRE FOIS, EN TOUT CAS.

- **Après le rendez-vous.** Une fois le rendez-vous terminé, il est temps de se dire au revoir, de la remercier et de lui dire que tu la reverras à l'école ou ailleurs. Si tu as passé un mauvais moment, que tu ne veux plus jamais la revoir, ne lui demande rien. Pour l'instant, il est bien vu de la remercier pour ce charmant rendez-vous, même si c'était encore moins marrant que de chercher une aiguille dans une botte de foin.

Il y a des tas d'autres choses que tu peux proposer si tu n'aimes pas trop le cinéma…

- **Invite-la à déjeuner en dehors de l'école.** C'est une bonne idée, mais tiens-toi prêt, car les autres vont le remarquer et ils te le diront, comme si tu ne le savais pas. « *Au fait, Léa et toi, vous avez déjeuné ensemble samedi !* » Bien vu, Einstein !
- **Roller ou patinoire.** La patinoire ne coûte pas cher (à peu près le même prix que le cinéma). C'est amusant et tu n'es pas obligé de parler tout le temps, tu auras ici aussi moins de pression. En plus, vous pourrez vous raccrocher l'un à l'autre pour ne pas tomber. Ensuite, vous pourrez boire un verre ensemble. C'est le rendez-vous idéal. Juste, ne te fais pas prendre à regarder les autres filles faire des pirouettes dans leurs jeans moulants.
- **Aller à un spectacle ou assister à un match de foot.** Ce genre de rendez-vous coûte plus cher mais c'est plutôt marrant. Bien entendu, si tu l'invites à assister à un match de foot, vérifie bien qu'elle aime ce sport. Ne te fais pas de peintures sur le visage ou le corps. Pas la première fois en tout cas.

- **Des parcs d'attractions ou la fête foraine.** Petit avertissement : cela peut coûter très cher. Mais ce sont des endroits géniaux pour un rendez-vous. C'est divertissant et on peut y faire plein de choses et en parler. *Et surtout*, elle s'agrippera à toi dans le train fantôme…
- **Des sorties familiales comme des pique-niques, des barbecues et des virées à la plage.** Demande d'abord à tes parents s'ils sont d'accord pour que tu invites quelqu'un, au cas où ils auraient prévu de rester en famille. Souviens-toi, cela risque de te mettre les nerfs en pelote. Tes parents te regarderont certainement en disant : « *Que c'est mignon !* »
- **Une balade dans les bois ou à vélo.** Ces deux options sont très bonnes car elles permettent de faire des activités. En plus, il n'y a pas trop besoin de parler. Une petite astuce : prends quelque chose de bon pour le déjeuner. Surprends-la. Les filles aiment les pique-niques. C'est romantique.
- **Une partie de tennis.** Si tu es un joueur de compétition et qu'elle n'a jamais pratiqué ce sport, n'essaie pas de lui montrer comme tu es fort en lui mettant trente aces dans la vue ou en lui tatouant la balle au beau milieu du front. Ne fais pas comme si tu étais complètement nul non plus. Et si c'est *elle* qui est une joueuse de compétition et qui *te* met trente

aces dans la vue, ne sois pas mauvais perdant et ne jette pas ta raquette par terre. Les filles détestent ça. Pense juste à t'amuser.

- **La fête de l'école.** Le seul problème, c'est qu'il faut attendre la fin de l'année et que tes copains y seront certainement. Et comme ce sont des gros nuls, ils n'auront pas de filles pour les accompagner. Ils passeront toute la soirée à glousser dans leur coin. Mais ce sera super car toi, tu seras accompagné de la plus belle fille de la soirée.

De : Désespéré

À : richard.lesage@milan.fr

Objet : Attention, fille méchante !

Salut, Richard le Sage,

Il y a cette fille à l'école, elle est *terrible* (quand je dis *terrible*, je veux dire qu'elle est vraiment sympa). Je voudrais lui demander de sortir avec moi mais je ne sais pas comment faire. Quelque chose me dit qu'une lettre avec écrit : « Est-ce que tu m'aimes ? Coche oui ou non » ferait un peu gamin. Aide-moi.

Désespéré

De : richard.lesage@milan.fr

À : Désespéré

Objet : Re : Attention, fille méchante !

Cher Désespéré,

Quand tu dis que tu veux sortir avec « cette » fille, tu veux dire aller au cinéma par exemple ou tu veux lui demander si elle veut devenir ta petite amie ? Il faut que tu fasses les choses progressivement. C'est un peu compliqué mais il faut que tu suives les étapes suivantes.

Est-ce que tu es prêt ?

1. Parle-lui. Beaucoup.

2. Répète l'étape « 1 ».

3. Demande-lui si elle veut faire quelque chose avec toi comme aller au cinéma, boire un soda ou feuilleter des livres à la bibliothèque. Mais oublie tout de suite l'idée de lui proposer

d'assister à une compétition de moto-cross avec tes copains.

4. Refais ce que j'ai dit en « 1 », en « 2 » et aussi en « 3 ».

5. Reviens à l'étape « 4 ».

C'est bon. Fais cela pendant un moment et l'une de ces deux choses se produira. Soit tu auras une petite amie avec qui tu te seras déjà bien amusé. Soit tu réaliseras que cette super fille que tu pensais pouvoir devenir une petite amie « terrible » n'est finalement pas du tout ton genre. Elle pourrait bien penser la même chose de toi, ce qui serait terrible, mais c'est la vie.

Ne va pas voir une fille que tu connais à peine en lui disant : « *Tu sais que tu es mignonne ? Veux-tu être ma petite amie ?* » Car même si elle répond oui, elle ne sera pas ta petite amie pour autant. Ce sera juste une fille que tu connais un peu et qui prétend que tu es son petit copain.

Bonne chance.

RICHARD LE SAGE

PS : Autre truc, les filles ne sont pas impressionnées par un garçon qui boit un soda par le nez.

De : Langue nouée

À : richard.lesage@milan.fr

Objet : Au secours !

Cher Richard le Sage,

J'ai un rendez-vous avec une fille et j'ai peur que l'on n'ait plus rien à se dire au bout d'un moment. Je suis plutôt timide et je ne voudrais pas qu'elle s'imagine que je suis ennuyeux. Que dois-je faire si nous n'avons plus de sujets de conversation ? Des suggestions ?

Langue nouée

De : richard.lesage@milan.fr

À : Langue nouée

Objet : Re : Au secours !

Cher Langue nouée,

Tout d'abord, félicitations pour ce rendez-vous ! Si tu es si timide que ça, tu as dû faire preuve de beaucoup de courage pour l'inviter. Encore bravo ! Des choses à raconter, c'est ça que tu veux ? Essaie ce que je vais te proposer, il suffit de te lancer.

- Pose-lui des questions sur sa famille ou sur son univers. Si elle te dit : « *J'ai un chien* », demande-lui son nom. Demande-lui des trucs. Sois attentif à ses réponses. Puis pose d'autres questions. Dis ce que tu penses de ce qu'elle dit, puis pose-lui une autre question. Écoute encore un peu plus attentivement. Toujours plus.
- Quelle est sa matière préférée à l'école, et pourquoi ? Quelle est la tienne, et pourquoi ?

En fait, tu cherches à alimenter la conversation, pas seulement lui poser des questions comme si elle passait un entretien, genre : « *Quelle est ta nourriture préférée ? Quelle est ta couleur préférée ? As-tu déjà mangé un Smoothie à la sauce tomate ?* » Donc, lorsqu'elle dit que l'histoire est sa matière préférée parce qu'elle aime savoir comment et pourquoi les choses sont arrivées dans le passé, c'est là que tu lui dis : « *J'aime aussi l'histoire, mais je pense que je préfère les maths. Au moins, en maths, on sait qu'il n'y a qu'une seule bonne réponse.* »

- Une question qui est toujours bonne pour engager une conversation : « *Si tu devais rester sur une île déserte pendant longtemps et que tu prenais un livre, un film et un CD, lesquels choisirais-tu ?* » Bien sûr, si elle te parle du *Journal du cheval* ou du *Cahier d'une Princesse*, et du CD du dernier *boys band* pathétique, essaie de t'empêcher de mettre ta main comme si tu allais vomir. Approuve simplement d'un signe de tête et réponds quelque chose de neutre comme : « *Ah oui ? Quel morceau préfères-tu ? Je crois que le deuxième morceau n'est pas mal.* »

- Si tu parles de mort, elle va peut-être s'imaginer que tu es un peu sinistre. Mais si tu le sens, demande lui ce qu'elle souhaiterait avoir pour dernier repas. (Personnellement, ce serait un banquet indien. Un banquet qui ne s'arrêterait jamais. Et je mangerais *très* doucement.)
- Ah c'est une très bonne idée ! J'y pensais justement ! demande-lui ce qu'elle veut faire plus tard. Si elle répond quelque chose d'étrange comme « *analyser la graisse des poissons* », lui rétorquer : « *Tu es sérieuse ?* » risque de casser l'ambiance. Acquiesce plutôt, souris et dis-lui : « *Analyste de graisse de poissons, ah oui ? Je ne m'y connais pas trop en graisse de poisson.* »

- N'en fais pas trop. Si tu commences à lui raconter des mensonges, tu vas avoir du mal à te souvenir de ce que tu as dit et de ce que tu n'as pas dit. Très sincèrement, cher ami. Même si tu es un peu ennuyeux, je pense qu'elle préférera ça à un garçon qui dit être ceinture noire de karaté mais qui se fait piquer l'argent du déjeuner par le caïd des 6e. C'est quand même gênant !

Reste toi-même, tout simplement.

La principale chose à ne pas oublier est celle-ci : une fois que vous commencerez à parler et à vous écouter, vous aurez tendance à oublier que c'est un rendez-vous et que vous êtes censés avoir une vraie conversation. Entretenir une conversation est bien plus facile que d'en entamer une nouvelle.

Ah, dernière chose. Noter tes questions sur un petit papier ou sur un carnet n'est pas une chose à faire. Vraiment *pas*. Comme d'avoir un ami dans une camionnette qui te dicterait dans un écouteur ce que tu dois faire. Ça s'est vu dans des films mais il faudrait que la fille soit stupide pour ne pas voir le fil sortir de ton oreille.

Sois fort et amuse-toi.

RICHARD LE SAGE

AVOIR UNE PETITE AMIE

Avoir une petite amie n'est pas une mince affaire. Au début, tu vas te dire que c'est du sérieux, surtout passé l'étape de ta proposition et des premiers rendez-vous. Mais, alors que tu penses que c'est fantastique et que c'est peut-être le grand amour, attends-toi à ce que ça ne soit pas si facile de le faire comprendre à tes parents, à d'autres adultes ou même à tes amis.

La liste de ce qui plaît aux filles, évoquée tout à l'heure, reste la même pour les petites amies. Le respect, la confiance et la courtoisie sont très importants. Parfois, elle peut vouloir traîner avec ses copines à l'heure du déjeuner, tu peux vouloir faire du skate avec tes copains après les cours. Le respect implique que vous laissiez l'autre faire ce genre de choses. Avoir une petite amie ne signifie pas que tu ne peux rien faire sans elle. Parfois, tu dois la laisser faire ce qu'elle veut, seule ou avec ses copines, et elle fera la même chose pour toi.

Mais très souvent, vous voudrez faire des choses ensemble. C'est le sens même d'une relation avec sa petite amie, vouloir partager des expériences. Avoir une petite amie quand on est jeune est un bon exercice pour plus tard parce que beaucoup de problèmes que les adultes ont avec leur partenaire ressemblent assez à ceux que tu peux avoir avec ta première petite amie : des problèmes comme la jalousie, le manque de communication, savoir trouver du temps pour l'autre, etc.

LA COMMUNICATION, C'EST CE QUI EST LE PLUS IMPORTANT.

La communication, c'est ce qui est le plus important. On entend les gens en parler tout le temps, tout simplement parce que c'est vrai. Et c'est aussi valable pour les garçons qui sont avec d'autres garçons. Toute relation intime entre deux personnes, qu'ils soient homosexuels ou hétérosexuels, a besoin d'une forte communication. Dès que les malentendus surgissent, tout devient incompréhensible et confus.

Il est très facile d'oublier de communiquer avec une personne dont on est très proche. Cela peut sembler étrange mais quand tu es avec quelqu'un, tu as l'impression que vous serez toujours ensemble. À cause de cela, vous arrêtez de vous parler. Vous ne cherchez plus à vous *séduire* l'un l'autre, et les choses commencent à être un peu bancales. Ajoute un brin de jalousie et très vite tu auras une relation qui ne fonctionne plus très bien. Il n'y a pas vraiment de secret pour une bonne relation amoureuse. Si quelque chose te préoccupe ou si ta petite amie a dit quelque chose qui te fâche, parles-en. Si quelque chose te rend heureux, dis-le-lui. Demande-lui ce qu'elle pense. Ta petite amie doit précisément être ça, une *amie*. Considère-la comme telle. En d'autres mots, montre tes sentiments et ne les cache pas, comme font beaucoup d'hommes. N'aie pas peur de lui dire que tu te sens mal, heureux, confus ou en colère. Elle respectera tes sentiments et cela t'aidera à mieux les comprendre. En plus, c'est un bon exercice pour ta vie d'adulte. Dans un monde où les hommes ont peur de s'exprimer, tu sortiras du lot de façon très positive.

Si tu communiques bien, un gros problème deviendra un petit problème, comme la jalousie ou le manque de confiance. Si tu arrives à parler de ce que tu ressens, et si elle sent qu'elle peut le faire aussi, vous allez gagner une confiance mutuelle, ce sur quoi une bonne relation de couple est fondée.

De : Romantique

À : richard.lesage@milan.fr

Objet : Besoin d'aide

Salut, Richard le Sage,
Je veux embrasser ma petite copine. J'ai réussi à l'embrasser sur la joue et il me semble qu'elle a apprécié. Elle m'a également embrassé en retour, ce qui était super. Mais maintenant, je veux savoir comment l'embrasser correctement. J'ai essayé avec le miroir mais c'est froid et je n'ai pas de baiser en retour.
Romantique

De : richard.lesage@milan.fr

À : Romantique

Objet : Re : Besoin d'aide

Cher Romantique,
Tout d'abord, oublie tout ce que tu as vu dans les films. Je dis ça même si je ne sais pas quels films tu as pu voir. La plupart d'entre eux ne sont pas

révélateurs, plus particulièrement pour ton premier baiser avec une fille.

Déjà, il n'y aura ni musique ni coucher de soleil derrière toi. Tu seras bien plus à l'aise en tête à tête.

Deuxièmement, dans les films, peu de temps après le début du baiser, le réalisateur fait souvent un fondu enchaîné et coupe jusqu'à la scène suivante, où l'on retrouve l'heureux couple assis au balcon, en peignoir, sirotant un thé glacé ou en train de se faire un câlin en face d'un feu de cheminée. Parfois, il arrive également qu'ils soient au lit, mais tu n'es pas obligé d'aller jusque-là dès ton premier baiser.

Ce que les films ne montrent pas, c'est le moment désagréable où le baiser se termine, quand tu te retrouves à tousser pour éclaircir ta gorge, cherchant une raison pour quitter la pièce. Ce que je veux te dire, c'est : n'embrasse pas d'une façon qui pourrait te mettre mal à l'aise.

Alors, comment ça se passe ? Je te répondrai simplement : prends ton temps ! Commence doucement. N'enfonce pas ta langue dans sa gorge au moment où vos lèvres se touchent. Embrasse-la comme si tu embrassais des coquilles d'œuf, avec douceur et délicatesse. Traite sa bouche comme la meilleure glace du monde, pas comme si tu dévorais un hamburger. Tu as tout le temps pour jouer avec ta langue plus tard, mais pour le moment, fais-le tendrement et doucement. Si tu le fais comme ça, tu n'auras pas besoin de bande son et tu seras content que la scène ne soit pas coupée. Profite.

RICHARD LE SAGE

LES FILLES SONT DIFFÉRENTES

En général, les filles regardent le monde différemment. Elles peuvent être difficiles, parfois même impossibles à comprendre. Elles peuvent changer d'avis sur un sujet en un instant. Elles peuvent penser quelque chose une minute et penser le contraire la minute qui suit. Et tu trouves ça super ? Tant mieux, tu n'as pas le choix !

Pourquoi est-ce que les filles sont comme ça ? En partie à cause des hormones. Ce sont des substances chimiques que sécrète notre corps qui ont une influence sur notre mode de développement. C'est ce qui fait que nous sommes sexuellement excités. Quand les filles arrivent à la puberté, leurs hormones font subir à leurs humeurs une petite crise. Elles peuvent éclater en sanglots ou se mettre en colère sans avertissement et se demander ensuite pourquoi les gens qui les entourent sont bouleversés. Mais elles ne saisissent pas toujours ce qui se passe et, parfois, c'est même honnêtement qu'elles ne comprennent pas ce qui cloche.

Cela ne s'arrête pas quand une jeune femme a fini de grandir, bien que le pire soit durant la puberté. Dans un chapitre précédent, on voyait qu'une femme libère un ovule à peu près tous les vingt-huit jours, et que si l'ovule n'est pas fécondé, elle a ses règles. Eh bien, ce sont les hormones qui provoquent tout ceci, et ces mêmes hormones peuvent influer sur son humeur, plus particulièrement les jours qui précèdent l'arrivée des règles. C'est pourquoi à peu près une fois par mois, ta maman ou ta sœur aînée peuvent être d'humeur grincheuse ou excessive pendant un ou deux jours. On appelle ça le syndrome prémenstruel ou stress prémenstruel. Un petit conseil, cependant : si ta maman, ta sœur ou ta petite copine se mettent en colère contre toi, réfléchis-y à deux fois avant de leur demander si elles ont leurs règles. Je peux t'assurer qu'une question comme celle-ci n'arrangera *pas* leur humeur.

En plus, si elles sont en colère contre toi, il est possible que tu aies fait une chose stupide ou manqué de sensibilité, comme en oubliant leur anniversaire ou l'anniversaire de votre rencontre. Avant de leur demander si elles ont leurs règles, vérifie ton calendrier. Ça peut te sauver la vie.

Une autre chose sur les filles : elles attachent beaucoup d'importance à des choses qui ne te semblent pas si importantes, comme fêter votre première semaine ensemble. Fais-le. Achète-lui des fleurs ou une carte. Écris-lui un mot en lui disant combien tu as aimé ces sept premiers jours ensemble. Tu peux trouver ça bête mais elle appréciera. Penser à ce qu'elle aime permettra à votre relation de se dérouler sans heurts. Et devine quoi ? Elle pensera aussi à ce que tu aimes, toi. C'est comme ça que ça marche.

Comme ce livre l'a montré à plusieurs reprises, les filles ont souvent des centres d'intérêts différents de ceux des garçons. Elles peuvent ne pas comprendre pourquoi regarder le rugby ou jouer sur ton ordinateur est plus important que de discuter de ce que sa meilleure amie lui a dit hier. Elles peuvent ne pas saisir pourquoi tu aimes tellement ce film. On dit que dès que les filles voient un jeune enfant ou un bébé, elles deviennent gaga. Elles se comportent comme des petites mamans, alors que pour toi le même bébé fait juste du bruit, sent mauvais et est barbant. Ne t'attends pas non plus à ce qu'elle te trouve toujours drôle. À cette blague que tu voulais *absolument* raconter à toute la classe et qui a bien fait rire tes copains, elles lèveront, elles, les yeux au ciel et diront comme ta grand-tante Maude : « *C'est complètement gamin.* »

AVANT DE LUI DEMANDER SI ELLE A SES RÈGLES, VÉRIFIE TON CALENDRIER. ÇA PEUT TE SAUVER LA VIE.

Peut-être ont-elles raison. C'est peut-être immature. Ou peut-être est-ce une autre façon qu'ont les filles d'être différentes des garçons. Mais pour s'entendre avec les filles, il ne suffit pas de supporter leurs différences bizarres. Ce sont ces différences qui les rendent si merveilleuses, et je ne parle pas uniquement de leur peau douce ou de leurs formes. Une grande partie du regard qu'une fille porte sur le monde vient peut-être de son éducation, ou en tout cas est lié au fait qu'elle est une femme. Ces points de vue peuvent parfois te sembler un peu dingues en tant que garçon, mais elle est simplement elle-même. Et c'est toujours mieux quand les amis sont sincères.

Accepte-la telle qu'elle est, tout comme tu souhaites qu'elle t'accepte tel que *tu es*.

LA RUPTURE

J'imagine ce que tu penses. « *Quoi ? La rupture ? Il y a une minute, il me parlait du premier rendez-vous et de communication, et maintenant, il me parle de rompre ? Déjà ?* »

Imaginons un instant que tu as une petite amie. Elle est belle, elle t'aime, peut-être que vous vous êtes déjà embrassés plusieurs fois, et que tu lui as dit que tu l'aimais (les filles aiment qu'on leur dise ça mais elles devinent quand on ment, alors ne le dis que si tu le penses vraiment).

Vous êtes heureux ensemble. Tu comprends qu'elle veuille traîner avec ses copines pour parler de leurs trucs de filles. Elle est d'accord quand tu vas jouer au handball à la récré au lieu de t'asseoir à l'ombre avec elle. Vous discutez de tout, vous avez confiance l'un envers l'autre et tu ne lui as jamais demandé si elle était sous l'effet du stress prémenstruel.

Ça sonne parfait tout ça, non ? Cela ressemble à une relation qui pourrait durer pour toujours. Et c'est peut-être le cas.

Ou pas. Il est assez rare que deux personnes qui sortent ensemble à l'école soient toujours en couple à l'âge adulte. Ça arrive parfois, mais pas très souvent. À votre âge, on change très vite, et l'étape à laquelle tu te trouves n'est peut-être pas la même que la sienne. Donc, il y a beaucoup de chances pour qu'à un moment vous trouviez que vous n'êtes plus faits l'un pour autre, comme vous l'aviez été ou comme vous l'aviez cru.

Vous pouvez trouver que les choses qui vous plaisaient chez l'autre au début n'ont plus autant d'importance. Peut-être que le tennis est votre seul point commun et que c'est votre unique sujet de conversation. Tu t'es peut-être retrouvé avec elle car c'était la fille la plus géniale de l'école et tu as été le premier garçon (très courageux !) à lui demander de sortir avec toi. Et puis, six semaines plus tard… plus rien. Peut-être que vous n'avez pas fait le bon choix. Ça arrive.

MALHEUREUSEMENT, LA RUPTURE, ÇA ARRIVE.

Il y a de nombreuses raisons à l'échec d'une relation. Malheureusement, tu vas très probablement un jour rompre avec quelqu'un ou quelqu'un va rompre avec toi.

La rupture est un moment difficile. C'est *toujours* horrible ! Si une fille qui te plaît beaucoup décide soudainement de ne plus être ta petite amie, ça va te blesser. Ce qui est douloureux, c'est que cette fille semble te dire à ce moment-là : « *Je doute que tu sois aussi bien que ce que je croyais. Je pense que j'ai fait une énorme erreur. Je ne suis pas convaincue que tu sois la bonne personne pour moi.* » Et c'est très douloureux de se sentir rejeté. Être la personne qui quitte l'autre n'est pas facile non plus. Même si on n'est pas amoureux, on se sent toujours un peu cruel de dire à quelqu'un : « *Je suis désolé, mais je ne veux plus être ton petit ami.* » Cela signifie que tu la *rejettes*. Elle risque de pleurer et d'en parler à ses amies. Et ensuite elle peut leur raconter que tu es une personne méprisable et horrible, même si ce n'est pas vrai.

Et puis, vous allez continuer à vous voir en cours, ce qui n'est pas très agréable. Il y aura des regards, peut-être que tu l'entendras pleurer discrètement au fond de la classe, ou dans la cour de récréation et si tu lui demandes si elle va bien, elle te demandera de ficher le camp. En effet, ça peut être compliqué.

Tout le monde vit une rupture au moins une fois dans sa vie. Ce n'est jamais facile. Rompre n'est jamais simple même si l'autre a été blessant comme tu n'aurais jamais pu l'imaginer. La colère ne mène à rien, alors voici quelques moyens pour mieux affronter les ruptures.

- **Dis-lui les choses en face.** Rompre au téléphone, par SMS, avec un mot, ou par l'intermédiaire d'un ami peut paraître la façon la plus facile de mettre fin à une relation mais ce n'est pas la bonne. Elle se dira que non seulement tu la laisses tomber, mais qu'en plus, tu te moques suffisamment de votre relation pour ne pas le lui dire en face. Alors sois un homme, assieds-toi avec elle et sois honnête. « *J'ai réfléchi à notre relation. Je ne pense pas que ça marchera. Nous sommes jeunes et je ne veux pas être déjà lié à quelqu'un. Je t'apprécie beaucoup et j'ai aimé être ton petit copain, mais je pense que tout est allé trop vite.* » Tu peux lui dire quelque chose comme ça. Ce ne sera pas facile mais au moins tu l'auras fait correctement et tu pourras être fier d'avoir assumé cette décision.
- **Ne reviens pas… tout de suite.** Elle va pleurer, c'est inévitable. Tu dois t'en douter. Accepte-le. Ce sont des choses qui arrivent. Tu vas te sentir coupable et méchant. Mais c'est une décision à laquelle tu as longtemps réfléchi, ne change donc pas d'avis dès que son menton commence à trembler. Je ne dis pas que tu ne te remettras jamais avec elle. Beaucoup de gens y pensent et réalisent après coup combien la relation était bien. Laisse passer ce moment

difficile. Tu pourras alors réfléchir à la suite des événements.

Qu'est-ce qui va se passer après ? Une fois que tout se sera calmé, tu pourras discuter de ce qui n'allait pas. Tu pourras lui expliquer qu'il te faut plus d'espace. Elle te demandera peut-être d'arrêter de te moquer des oreilles décollées de son frère et de ne plus te curer le nez. Tous ces éléments peuvent aider à relancer la relation sur de nouvelles bases. Ou pas. Attends au moins quelque temps pour que les émotions liées à cette rupture ne t'influencent pas négativement dans tes choix.

- **Que faire si *elle* rompt avec toi ?** Je sais que c'est dur mais essaie de ne pas te mettre en colère. Reste respectueux. Ça n'a sans doute pas été facile pour elle de t'annoncer la mauvaise nouvelle, alors n'aggrave pas la situation en faisant exploser une fenêtre ou en te tatouant « Je déteste Jenny » sur les poings avec ton compas. Tu ne penseras qu'à ça pendant quelque temps. Tu vas te sentir misérable. Tu pleureras certainement et puis ça ira mieux. Tu *surmonteras* tout ça. Fais-moi confiance. La vie reprendra son cours, c'est ainsi que nous sommes faits.

C'est aussi valable pour les relations de couples du même sexe. S'il y a rupture, sois honnête, fort et prépare-toi à avoir mal. Ce n'est jamais facile mais ça arrive.

De : Nuit Blanche à Sylvania

À : richard.lesage@milan.fr

Objet : Je crois que je suis amoureux

Cher Richard le Sage,

Je n'arrête pas de penser à cette fille. Elle est vraiment très jolie mais je ne l'aime pas que pour ça. Elle me plaît parce que je pense que nous sommes faits l'un pour l'autre. Elle prend le même bus que moi (elle va au lycée où j'irai l'an prochain) et l'autre jour, elle s'est assise à côté de moi. Elle a demandé à voir mon nouveau téléphone, on a discuté un moment et je pense que le courant est bien passé. Je lui dis bonjour tous les matins et elle me parle un peu sauf quand elle est avec ses amis du lycée ou lorsqu'elle est au téléphone. Je ne pense qu'à elle. Je crois que je suis en train de tomber amoureux.

Qu'est-ce que je dois faire ?

Nuit Blanche à Sylvania

De : richard.lesage@milan.fr

À : Nuit Blanche à Sylvania

Objet : Re : Je crois que je suis amoureux

Cher Nuit Blanche,

Oui, j'ai déjà connu ça. Le premier amour, c'est merveilleux. Je crois pouvoir te dire la suite. Est-ce que je peux ?

Cette fille a un effet étrange sur toi. Tu as le souffle coupé quand tu la vois monter dans le bus, toi qui, d'habitude, parles correctement, avec facilité, tes mots deviennent des murmures dès que tu te retrouves à côté d'elle. Et tu as le cœur qui bat très vite quand tu penses à elle.

Tu sais presque tout d'elle : son numéro de téléphone, son adresse, le nom de son chien et le nom de tous ses amis. Elle a un petit copain mais elle se plaint de sa relation. Alors, elle va sûrement le laisser tomber prochainement et vous pourrez sortir ensemble. Tu es même jaloux de ses affaires parce qu'elles sont plus proches d'elle que toi. Tu l'aperçois dans un magasin et tu voudrais trouver une excuse pour y être. Alors tu t'en *trouves* une : tu cherches quelqu'un. « *Ah, salut ! Tu n'as pas vu mon ami Nicolas ?* » et elle te répond : « *C'est qui, Nicolas ?* » Et là, tu te trouves complètement nul. Tu penses à elle tout le temps. Son visage est la dernière chose que tu vois avant de t'endormir et la première chose que tu vois au réveil. Tu écris son prénom à côté de ton nom juste pour voir à quoi cela ressemblera quand vous serez mariés. Tu recherches son nom sur Internet juste au cas où elle serait déjà célèbre et que ça t'avait échappé. Au lieu de lui demander si elle va à la fête de l'école pour être sûr de la voir, tu espères secrètement qu'elle y sera, et tu te sens morne et triste si elle n'y est pas.

Tout ça ressemble à de l'amour, non ?

J'ai une nouvelle pour toi, l'ami, ce n'en est probablement pas. Ce que j'ai décrit, ça s'appelle un engouement, une sorte d'affection que l'on développe pour quelqu'un. Tu es vraiment très accroché. Et qui ne l'a jamais été n'est pas vraiment un garçon. Et on peut encore l'être une fois qu'on est adulte. Tu vois ce que je veux dire ?

Un conseil ? Sois gentil avec cette fille, tu peux devenir son ami. Mais, sérieusement, est-ce qu'une fille du lycée sortirait avec un garçon qui est encore au collège ?

Autre suggestion : tu as des filles dans ton école, n'est-ce pas ?

RICHARD LE SAGE

11 Être UN HOMME

Nous avons tous des tailles et des formes différentes, tu l'auras remarqué, j'en suis certain.

Mais même si on le sait, il semble que personne ne soit satisfait de son apparence. Ceux qui sont un peu maigres ont l'impression d'être décharnés. Si tu as quelques kilos en trop, tu penses que tu es énorme. Tu aimerais avoir les cheveux frisés ou raides, un nez plus fin, de plus grands yeux, des tablettes de chocolat, des jambes moins arquées, des oreilles moins décollées, et la liste est longue… Parfois, on croit que seules les filles sont préoccupées par ce genre de choses, mais les garçons le sont tout autant. Comme nous pensons que nous ne sommes pas assez attirants, nous essayons de le dissimuler en frimant ou en achetant le dernier gadget à la mode.

Tout ça s'accentue à la puberté, principalement parce que chacun se développe à son rythme. Je me souviens qu'en 6e, un garçon avait une barbe de la taille de celle d'un petit alpaga alors que la plupart des 3e n'avaient pas encore commencé à raser leur duvet. Il peut donc s'avérer difficile de te dire que tu es normal en regardant les autres garçons de ton âge.

Je ne sais que dire à ce sujet. On changerait bien tous quelque chose en nous si on le pouvait, mais à part perdre ou prendre un peu de poids, mettre un appareil dentaire pour redresser les dents, ou se faire couper les cheveux, il n'y a pas grand-chose à faire. Nous devons apprendre à vivre tels que l'on est et avec le corps qui nous a été donné.

On croit parfois pouvoir changer d'identité juste en achetant de nouveaux vêtements ou le dernier bidule électronique. Ces choses peuvent changer le regard des autres et même notre propre regard sur nous-mêmes, mais ils ne nous changent pas.

Et j'ai d'autres mauvaises nouvelles à t'annoncer. Cette situation ne s'améliore pas avec l'âge. Il n'y a que l'étiquette du prix des jouets, des gadgets et des vêtements qui changent. La dernière voiture, un bateau, une maison ou une veste en cuir peuvent en impressionner certains, mais au fond, ils ne changeront pas l'homme que tu es devenu.

ON CHANGERAIT BIEN TOUS QUELQUE CHOSE EN NOUS...

Alors, qu'est-ce que c'est, selon toi, être un homme ? C'est avoir un pénis ? Être capable de travailler dur et gagner de l'argent pour ta famille ? Avoir une femme ou une petite amie ? Être papa ? Avoir une grosse voiture qui roule vite ? Être capable de marquer une série de buts pour l'équipe locale ou de se lever face à un idiot au café parce qu'il a insulté ta petite amie ?

Être un homme, ce n'est rien de tout ça. Ces choses contribuent à ce que tu es en tant qu'homme, mais rien de tout cela ne fait de toi un homme.

Il y a trente ou quarante ans, beaucoup d'hommes travaillaient, gagnaient de l'argent pour leur famille, pendant que les femmes restaient à la maison, élevaient les enfants, faisaient le ménage et préparaient le dîner. C'est toujours le cas dans certaines familles, mais aujourd'hui il y a beaucoup de femmes qui travaillent. Les femmes savent maintenant qu'il n'y a pas tant de métiers que ça réservés aux hommes. C'est pourquoi, il y a des femmes avocates, médecins, dentistes, politiques, architectes, conductrices de camions... Il n'y a pas si longtemps, ces emplois n'étaient quasiment exercés que par des hommes. Maintenant, les choses ont changé.

Il y a aussi beaucoup plus d'hommes qui désormais restent à la maison pour s'occuper des enfants. Si certains pensent encore que ces tâches-là sont réservées aux femmes, heureusement, ils ne sont pas nombreux.

Mais ces hommes-là compliquent un peu les choses. Avant tous ces changements, il était plus facile de dire ce qui définissait un homme. Un homme avait un travail d'homme et il avait une femme qui faisait son travail de femme au foyer. C'était facile. Il allait prendre un verre avec ses amis après le travail, puis rentrait à la maison, mettait les pieds sous la table et tondait éventuellement le gazon le week-end. Pour beaucoup d'hommes, les choses ont bien changé aujourd'hui.

QU'EST-CE QUI VA FAIRE DE TOI UN HOMME ?

Alors, qu'est-ce qui va faire de *toi* un homme ? Et, plus important, qu'est-ce qui va faire de toi un homme *bon* ?

Un écrivain anglais, Samuel Johnson a dit un jour : « *On perçoit la vraie qualité d'un homme à sa manière de traiter les personnes qui ne lui font aucun bien.* » En d'autres mots, être bon et ne rien attendre en retour. Et Booker T. Washington, qui fut un esclave afro-américain pendant les premières années de sa vie, a dit : « *C'est son caractère, et non les situations qu'il rencontre, qui font l'homme.* »

Ce que ces sages disaient, c'est qu'un homme, un vrai, est une personne gentille et respectueuse, qui sait être honnête et fiable autant qu'il le peut. Si tu essaies d'agir ainsi dans ta vie, tu verras que les choses iront très bien. Tu deviendras un meilleur amant et compagnon, un meilleur père, un meilleur professionnel et un meilleur ami. En somme, tu seras un homme meilleur.

À ton âge, tu peux trouver ça difficile à croire mais un jour, tu seras vieux, puis tu mourras, parce que tout le monde meurt un jour. Mais quand les gens parleront de toi après ta mort, ils ne parleront pas de la voiture que tu as conduite, du nombre de buts que tu as marqués, ou de l'âge que tu avais la première fois que tu t'es rasé, ou que tu as embrassé une fille, si tu avais des bras musclés ou de superbes abdominaux. Ils parleront de

APRÈS TA MORT, PERSONNE NE PARLERA DE LA **VOITURE** QUE TU AVAIS.

l'homme que tu étais, et de l'attention que tu portais aux autres. Tu voudrais qu'ils parlent de combien tu étais gentil, respectueux, généreux, honnête, combien tu aimais ta partenaire, tes enfants, tes animaux et tes amis.

Et ça, c'est quand même beaucoup plus important que les grosses voitures de sport.

12 Pour conclure

La vie est une chose compliquée. Être adolescent n'est pas facile et être adulte l'est encore moins, mais passer sereinement de l'enfance à l'âge adulte est peut-être la chose la moins facile au monde. Ton corps change et tes parents, tes professeurs, tes amis et ta famille attendent de toi des choses qui te semblent stupides ou injustes. Et le pire de tout, c'est que tu essaies de plaire aux filles alors que tu arrives tout juste à avoir une érection de la taille d'une épingle.

Comment pourrais-je t'encourager ?

Souviens-toi, tout le monde passe par là. La prochaine fois

que tu seras en classe, regarde les autres garçons. Ils vivent tous une expérience qui ressemble à la tienne. Ils parviendront à la traverser avec succès, tout comme toi, même avec ces fichues érections.

Quelquefois, tu pourras te sentir submergé, comme si tu étais pris dans un courant à la mer. La bonne nouvelle, c'est que tu n'auras pas à te battre tout seul. Il y a des gens à qui tu peux parler et qui pourront t'aider à comprendre ce qui t'arrive : tes professeurs, tes parents, tes amis, tes conseillers scolaires ou tes frères aînés. Tu peux même prendre rendez-vous chez un médecin, et *tout* ce que tu lui diras restera confidentiel. Et si aucune de ces personnes ne semble pouvoir te venir en aide, tu trouveras à la fin du livre une liste de numéros de téléphone et de sites Internet qui te mettront en contact avec quelqu'un qui t'*écoutera*, te conseillera ou te laissera t'exprimer et vider ton sac.

TU ES UNIQUE. PERSONNE N'EST TOUT À FAIT COMME TOI.

Tu es unique, ce qui signifie que personne n'est tout à fait comme toi. Oui, je sais, tu l'as déjà entendu, mais c'est vrai. Aucun des six milliards d'êtres humains sur terre n'a les mêmes caractéristiques que toi. Personne d'autre n'a les mêmes talents ou le même sens de l'humour que toi. Personne dans le monde n'a grandi de la même façon que toi. Tu n'as donc pas à essayer d'être comme tout le monde ou quelqu'un en particulier, sois simplement toi-même. Si ton objectif est de rencontrer une fille qui t'aime, tu peux me faire confiance : les filles aiment l'honnêteté, et elles aiment les garçons qui sont authentiques. Elles aiment les garçons qui savent qui ils sont et qui n'ont pas peur de l'assumer.

Pour conclure, *écris-le*. Tiens un journal. Cela ne doit pas être plus fantaisiste qu'un cahier d'exercices dans ton tiroir du bas, mais assure-toi que tu as écrit le mot « privé » sur la couverture. Commence à écrire. Si quelque chose t'inquiète, te rend heureux ou te met en colère, *écris-le*. Si quelque chose te semble confus, *écris-le*, ou si tu ne sais pas quoi faire, *écris*. Écris tous les jours.

Il y a deux bonnes raisons pour le faire. Tout d'abord, le fait d'écrire t'aide à poser tes idées et à rendre les choses plus claires dans ta tête. Cela te laisse également une trace à lire plus tard, dans deux ou trois ans, et tu te diras : « *Je l'ai fait. J'ai traversé cette fichue puberté et je vais BIEN* ». Tu auras davantage confiance en toi face aux difficultés que tu devras affronter dans ta vie.

Mais le mieux c'est que, dans quelques années, quand ton fils sera sur le point de vivre sa puberté et qu'il te dira : « *Papa, tu ne me comprends pas* », tu pourras sortir ton journal intime et ce livre, et lui dire : « *Oh que si, je te comprends. Laisse-moi te le prouver* ».

Sites internet et numéros de téléphone utiles

Mouvement français pour le planning familial

Tél. : 01 48 07 29 10

Site : www.planning-familial.org

Vous pourrez avoir à ce numéro, ou sur ce site, la liste des centres du Planning familial en France. Ces centres reçoivent les jeunes afin de répondre à leurs questions et organisent des réunions d'information au sein des collèges.

Fil santé jeunes

Tél. : 0 800 235 236 (anonyme et gratuit)

Site : www.filsantejeunes.com

Allô Enfance maltraitée

Tél. : 119 (appel gratuit 24 h/24)

Site : www.allo119.gouv.fr

Sida info service

Tél. : 0 800 840 800 (gratuit à partir d'un poste fixe, de 8 h à 23 h, anonyme)

Site : www.sida-info-service.org

Association de lutte contre le sida (ALS)

Site : www.sidaweb.com

Droit et sexualité

• Y a-t-il un âge légal pour avoir des relations sexuelles ?
La loi française reconnaît implicitement le droit à une vie sexuelle à partir de 15 ans. La justice reconnaît ainsi une certaine forme de majorité sexuelle. Vous devez néanmoins savoir que si vous êtes mineurs et que vos parents s'y opposent, ils peuvent faire appel à la justice, par exemple porter plainte contre la personne qui a des relations sexuelles avec vous.

• Dans quel cas les parents peuvent-ils intervenir dans la vie sexuelle de leur enfant ?
La loi reconnaît implicitement le droit à une vie sexuelle à partir de 15 ans, cependant toutes les relations sexuelles d'un majeur avec un mineur de moins de 15 ans sont punissables. Et ce même si ce dernier est consentant. C'est alors un délit réprimé par le code pénal (cinq ans d'emprisonnement). S'il s'agit de relations sexuelles entre un mineur de moins de 15 ans et un autre mineur qui a entre 15 et 18 ans, seul le plus âgé des deux peut être poursuivi devant le tribunal pour enfants.

• Avec qui la loi interdit-elle les mineurs d'avoir des relations sexuelles ?
La loi interdit les relations sexuelles des mineurs, même avec leur consentement, avec leurs parents naturels ou adoptifs et avec certains partenaires ayant autorité sur eux : beau-père ou belle-mère, professeur, éducateur...

Un site à visiter : www.cyberjeune.org/ddj
Ce site partenaire du ministère de la Jeunesse, des Sports et de la Vie associative fait le point sur le droit des jeunes en France.

D'AUTRES LIVRES INTÉRESSANTS

Pour commencer (à partir de 8-9 ans)

- *Les Garçons et les Filles*, Brigitte Labbé, Michel Puech, coll. « Les Goûters philo », Milan Jeunesse, 2005 (1re éd. 2001).
- *Les Petits et les Grands*, Brigitte Labbé, Michel Puech, coll. « Les Goûters philo », Milan Jeunesse, 2007 (1re éd. 2001).
- *Le Guide du zizi sexuel*, Zep et Hélène Bruller, Glénat, 2001.

Pour les plus grands

- *Nous les garçons, le guide des préados*, Olivier Lhote, Milan Jeunesse, 2006.
- *L'Amour, la sexualité et toi*, Magali Clausener-Petit, coll. « Les Essentiels Milan Junior », Milan Jeunesse, 2002.
- *Le Corps : le fonctionnement du corps, soigner le corps humain, le cycle de la vie*, coll. « L'encyclopédie des jeunes », Larousse, 2005.
- *L'Encyclo des garçons*, Marc Aumont, Plon Jeunesse, 2007.
- *Le Zizi : questions et réponses*, Sylvie Sargueil-Chouery, coll. « Oxygène », De La Martinière Jeunesse, 2006.
- *La Sexualité expliquée aux adolescents*, Magali Clausener-Petit, coll. « Oxygène », De La Martinière Jeunesse, 1998.
- *Comment survivre quand on est un garçon*, Jacques Arènes, Bernadette Costa-Prades, Albin Michel Jeunesse, 2003.

Pour les parents

- *Votre ado : sexualité, copains, santé, études… une véritable bible !* Marcel Rufo, Christine Schilte, coll. « Éducation », Marabout, 2007.
- *La Sexualité à l'adolescence*, coll. « Fondation pour l'enfance », Érès, 2002.
- *Ce qu'il y a de formidable chez les garçons : mieux les comprendre pour mieux les élever*, Michael Gurian, traduit de l'américain par Marie-Sylvie Rivière, Albin Michel, 2002.